Paul Kirchhof

Die Erneuerung des Staates – eine lösbare Aufgabe

W0074710

Paul Kirchhof

Die Erneuerung des Staates – eine lösbare Aufgabe

HERDER

FREIBURG · BASEL · WIEN

Zweite Auflage

Alle Rechte vorbehalten – Printed in Germany
© Verlag Herder Freiburg im Breisgau 2006
www.herder.de
Aktualisierte und erweiterte Neuausgabe des 2005
unter dem Titel „Der Staat – eine Erneuerungsaufgabe"
erschienenen Buches (ISBN 3-451-05555-4)
Satz: Barbara Herrmann, Freiburg
Druck und Bindung: fgb · freiburger graphische betriebe 2006
www.fgb.de
ISBN-13: 978-3-451-29074-9
ISBN-10: 3-451-29074-X

Inhalt

Vorwort

Der moderne Verfassungsstaat ist auf nachhaltige Erneuerung angelegt. Der Bürger verändert in seiner Freiheit die Lebensbedingungen für Gesellschaft und Staat stetig, die Staatsorgane überprüfen in ihrem demokratischen Auftrag ständig die Maßstäbe und Instrumente staatlichen Handelns. Heute aber sieht sich der Staat neuartigen Aufgaben und Erwartungen gegenüber, so dass seine Ziele, sein Recht, seine Handlungsmittel grundlegend überdacht werden müssen. Der Staat scheint in dem Bemühen um immer mehr und kompliziertere Regelungen das Vertrauen in die Freiheitsfähigkeit und Selbstbestimmungskraft des Menschen zu verlieren, der Bürger seinerseits immer mehr Verantwortlichkeit für sein Leben und insbesondere seine Zukunftssicherung dem Staat überantworten zu wollen. Der Mensch widmet sich seiner Gegenwart, insbesondere dem Bemühen um den Erwerb, büßt ein Stück geistiger Weite vor allem im Religiösen ein, leidet damit an Zukunftsangst und schwächt seine Kraft, das eigene Glück selbstbestimmt zu definieren und nachhaltig zu erstreben. Dadurch wird eine Grundbedingung moderner Verfassungsstaatlichkeit, die Bereitschaft zur verantwortlichen Freiheit, wesentlich gefährdet.

Diese Minderung individueller Verantwortlichkeit wird weiter befördert durch ein faszinierendes Instrument modernen Wirtschaftens: das Geld, die geprägte Freiheit. Unsere Wirtschaftswelt wechselt vom individuellen Verantwortungseigentum – dem Unternehmer, der mit eigenem Namen und eigenem Vermögen für die Qualität seiner Leistung einsteht – zum anonymen Geldeigentum, das in Publikumsaktiengesellschaften und mehr noch in Fonds kaum noch durch den individuellen Geldgeber die Wirkungen der jeweils eingesetzten Kapitalmacht verantwortet. Damit ist das Wirtschaftsleben immer weniger von den Freiheitsberechtigten in ihrer Eigentümer- und Berufsfreiheit geprägt. Geldwirtschaft wird teilweise zu einer virtuellen Welt, der Geldmanager handelt in der Bedrängnis von Zuwachserwartungen und Übernahmebedrohungen, auch der Finanzstaat unterliegt dem Hang zu mehr Geld, der Sozialstaat wird fast ungehemmt überfordert, das Gespür und die Maßstäbe für Leistung und Entgeltwürdigkeit werden geschwächt.

Zugleich erschließt der Verfassungsstaat in seiner Offenheit für die europäische Integration und die Völkerrechtsgemeinschaft seinen Bürgern eine Weite des Wirtschaftens, der Wissenschaft, der Begegnung und des Reisens, er kann aber oft nicht mit gleicher Kraft die Nähe der Kulturgemeinschaft, des demokratischen Zusammenhalts im Staatsvolk, der Heimat in Sprache und Kunst vermitteln. Die historisch gewachsene Nation, in Deutschland seit dem Heiligen Römischen Reich Deutscher Nation ein problematischer Begriff, ist aber Bedingung der parlamentarischen Demokratie, Mitte des Rechtsstaates, Grundlage sozialer Zugehörigkeit aller Bedürftigen zum Staat.

In dieser Umbruchphase einer Überforderung des Staates, in der überhöhte Erwartungen den Bürger täuschen und damit schließlich enttäuschen, wird der Staat zu einer Erneuerungsaufgabe. Ich habe mich diesem Thema in der Guardini-Vorlesung gewidmet, die ich im Wintersemester 2004/2005 an der Humboldt-Universität zu Berlin gehalten habe und die 2005 als Buch erschienen ist. Heute soll die nun vorliegende zweite, wesentlich erweiterte und grundlegend überarbeitete Auflage des Buches zeigen, dass die Erneuerung des Staates eine lösbare Aufgabe ist: dass wir zwar alle im Reformstau stehen und des-

halb zu diesem Stau beigetragen haben, dass wir aber alle diesen Stau auflösen können, wenn wir in unseren Erwartungen
und Forderungen an den Staat nicht zu eng auf den Mitbürger
auffahren und unter Verzicht auf weitere Forderungen an
Staatshaushalt und staatliches Recht eine Gasse frei räumen,
in der die staatlichen Rettungsfahrzeuge sich bewegen und
dann den Stau entflechten können.

Dabei werden wir uns der Grundbegriffe von Freiheit, Demokratie, Geld, ethisch-moralischer Bindung, auch der eigenen
Sprache besinnen, unser immer komplizierter werdendes Leben in einem deutlich vereinfachten Recht erleichtern müssen.
Das Recht soll unsere Probleme lösen, nicht steigern. Auch hier
gilt die Regel: Nur ein rares Gut ist wertvoll.

Heidelberg, im Januar 2006   Paul Kirchhof

I. Der Stau

Wenn wir über die gegenwärtige Politik in Deutschland nachdenken, treffen wir zuallererst auf das Stichwort „Reformstau".
Dieses Wort drückt zutreffend aus, dass die Erneuerung unseres Staates und seines Rechts in ihrer Bewegung gehindert ist
und dass derjenige, der diesen Stau unmittelbar erlebt, selbst
dazu beigetragen hat.

1. Bewahren von Besitzstand und Begünstigung

Unsere Gesellschaft ist sich einig, dass wir im Recht der sozialen Sicherheit, im Steuerrecht und im Arbeitsrecht grundlegende Neukonzeptionen und Vereinfachungen brauchen, dass diese aber gegenwärtig nicht recht voranzukommen scheinen. Der
Grund dieser Hemmnisse liegt nicht in der Struktur des Verfassungsstaates, der im demokratischen Parlamentarismus und
im Prinzip der Freiheit auf stetige Erneuerung angelegt ist.
Auch trifft die Hauptverantwortlichkeit nicht die Politiker, die
vor dem Wähler und vor der Geschichte mit großen Neukodifikationen durchaus Glanz verbreiten wollen. Das wesentliche
Hemmnis liegt in gut organisierten Interessensgruppen unserer Gesellschaft, die sich auf das vertraute Recht eingestellt haben, dort ihre Vorteile suchen und ihre Privilegien zu bewahren
wissen. Das gegenwärtige Wohlbehagen in ihren Erwerbs- und
Lebensbedingungen soll nicht durch etwas grundlegend Neues
in Frage gestellt und gefährdet werden.

Der einzelne freiheitsbewusste Mensch ist durchaus bereit,
sich auf eine grundlegend vereinfachte und in ihren Rechts-

11

prinzipien freiheitlich strukturierte Rechtsordnung einzulassen. Er hofft deshalb auf ein Recht, das bei immer komplizierter werdenden Lebensverhältnissen wesentlich einfacher wird, das unsere Probleme also nicht vermehrt, sondern zu deren Lösung beiträgt. Dabei versteht er auch, dass er gelegentlich gern genutzte und vertraut gewordene Bevorzugungen im geltenden Recht aufgeben muss, soll die Rechtsordnung einfacher und verständlicher gemacht, die Bürokratie abgebaut, die Flutkatastrophe des Rechts in einer rechtlichen Rahmenordnung der Freiheit kanalisiert werden. Der Bürger verliert allerdings ein Stück seines Willens zur Freiheit, wenn die Politik ihm den Willen zur Besitzstandswahrung vorspricht, die individuellen Vorteile einer Rechtsbereinigung verschleiert, wenn die Medien eine Reform als Raub von Rechten darstellen und so den Bedarf des Menschen an täglicher Aufgeregtheit und politischer Unterhaltung befriedigen. Er lässt sich unter diesem Einfluss auf die Rolle des halb- oder desinformierten Wählers ein und sucht seine Besitzstände und Begünstigungen in Unauffälligkeit und Verschwiegenheit, auch im schrillen Protest zu bewahren. Der Politiker seinerseits umwirbt diesen Wähler mit dem Versprechen, alles Wünschbare sei machbar, und setzt sich an die Spitze dieser Bewegung, die Hoffnungen als Forderungen deutet und Erwartungen zu Ansprüchen formt. Er wird zum Vordenker neuer staatlicher Ausgabenprogramme und Steuerverschonungen, die der Staatshaushalt – für alle ersichtlich – nicht leisten kann. So hetzen wir als Bürger, die grundsätzlich das allgemeine, gleiche und einfache Recht wollen, in einem Kreis, der mit weiteren Wohltaten des Staates beginnt und mit der Leistungsunfähigkeit desselben Staates endet.

Unser Blick richtet sich deshalb auf das Ende des Staus. Damit meinen wir nicht den Letzten in der langen Reihe der Wartenden, der sich auf diesen Stau als übliche Behinderung eingerichtet hat und dennoch geduldig darauf setzt, verlässlich, wenn auch verspätet an sein Ziel zu kommen. Wir denken vielmehr an die Beendigung des Staus: Die Verkehrswege sind so zu bauen, die Gewohnheiten der Autofahrer so zu verändern und die Sicherheit und Leichtigkeit des Verkehrs so zu vereinfachen, dass die freie Fahrt für freie Bürger wieder real erlebt wird. Deswegen genügen uns nicht die Dialoge, Diskussionen und Empörungen derer, die im Stau stehen. Wir beginnen vielmehr mit langfristigen Planungen, die eine zukünftige Entwicklung – der Bevölkerung, ihrer Bedürfnisse, der Automobil- und Straßenbautechnik, der staatlichen Finanzkraft – vorausdenkt und den Autofahrern ihre Bewegungsfreiheit zurückgeben will. Dabei wird das Recht wie stets eine Kultur des Maßes pflegen, also nicht einen freien Wettbewerb der Schnellfahrer untereinander organisieren, sondern die gegenläufigen Ziele der Leichtigkeit und der Sicherheit der Bewegung schonend gegeneinander ausgleichen. Auch im Straßenverkehr wird die Freiheit als Freiheitsrecht gewährt, also auf die gleiche Freiheit anderer abgestimmt.

2. Sammeln von Energie

Der Stau bildet im Straßenverkehr ein Hindernis, schafft beim Wasser Energie. Der Staudamm sammelt die Kraft des Wassers, um sie als Energiequelle zu nutzen, um das wertvolle Gut des Wassers auch für Zeiten der Dürre und des Mangels aufzubewahren, den Druck des Wassers zur Versorgung jedes einzelnen Haushalts zu steigern und die Wasserqualität zu prüfen und zu verbessern. Der Reformstau ist uns deshalb nicht Anlass, Gesetzesvorlagen allein deswegen einzubringen, damit sich in der Gesetzgebung etwas bewegt. Gedacht ist vielmehr an ein Konzept des Verzichts und des Unterlassens. Der gegenwärtige Gesetzesstau bietet die Chance, über die nicht benötigten Gesetze und Einzelvorschriften nachzudenken und die Fülle und Flut gesetz-

13

licher Regelungen auf eine Grundstruktur des freiheitsermöglichenden und existenzsichernden Rechts zurückzunehmen. Würden wir die Schleuse abrupt öffnen, könnten die dadurch entfesselten Massen Menschen, gewachsene Lebensstrukturen und kulturelle Werte hinwegschwemmen und vernichten. Nutzen wir hingegen das Stauwehr, um nur das von den Menschen benötigte Recht freizugeben, könnte ein schmales Rinnsal des Rechts den Menschen wieder viel Freiheit zurückgeben, den Wert des Rechts in der Knappheit steigern, den pfleglichen Umgang mit diesem raren Gut vermehren.

Der Stau bietet also ein Chance. Es genügt nicht, das Besitzstandsdenken zu verdammen, das Geflecht von Interessenkampf und Eigennutz zu beobachten und zu kritisieren, dass die staatlichen Entscheidungen durch Bundesstaatlichkeit, Wahlrecht und Parteiensystem unverhältnismäßig erschwert würden, um sich schließlich resigniert in der Vorstellung einzurichten, das als richtig Erkannte sei politisch nicht machbar, Deutschland müsse es erst viel schlechter gehen, bevor der Aufbruch zum Besseren gewagt werde. Auch ist es nicht ausreichend, die kühne Konstruktion einer himmelstrebenden Kathedrale zu entwerfen, solange die Architekten nur kleine Reihenhäuser zu bauen gewohnt sind. Der große Wurf setzt vielmehr bei den Stärken unseres Staates und Staatsvolkes an, die teilweise verborgen, gelegentlich auch zugeschüttet sind, die aber sehr schnell freigelegt und zur Entfaltung gebracht werden können.

Die erste Stärke der Menschen in Deutschland liegt in ihrem Willen zur Freiheit, in ihrem Erfinder- und Unternehmermut, ihrem Willen zu Familie und Privatheit, ihrer philosophisch fundierten und individuell beanspruchten Vorstellung vom würdebegabten und deswegen zu Freiheit und Selbstbestimmung fähigen Menschen. Diese Freiheit ist vor allem Freiheit vom Staat, nur in besonderen Bedarfslagen Freiheit durch den Staat.

Die zweite Stärke wurzelt in der Kraft des Religiösen, in der Bereitschaft, nach dem Ursprung und Ziel des individuellen Lebens zu fragen, Verantwortlichkeit für andere Menschen zu tragen, moralische und ethische Maßstäbe zu erneuern und zu festigen. Damit ist der Kern verantwortlicher Freiheit, der inneren Selbstbindung des Freiheitsberechtigten angesprochen. Auch die freiheitliche Einwirkung auf den Staat, der Wille zur Demokratie, das republikanische Prinzip der *res publica* hat hier eine Wurzel.

Ein drittes, aktuell verfügbares Erneuerungsinstrument bietet das Geld, eine wirtschaftlich fast beliebige Gestaltungsmacht, die individueller Existenz und persönlicher Freiheit eine ökonomische Grundlage gibt, die Menschen zu Großtaten anregen, den Staat zum Sozialen befähigen und Handlungsmacht an die nächste Generation weitergeben kann. Die Macht des Geldes kann aber ebenso Menschen beherrschen und verführen, in staatlicher Hand die Bindung und Disziplin des Rechts unterlaufen und in der Anonymität eines weltoffenen Renditemarktes Verantwortlichkeiten schwächen und verfremden. Auch das Geld ist Garant wie Gegner der Freiheit, es muss deshalb in seiner freiheitsdienlichen Funktion neu zur Wirkung gebracht werden.

Ein vierter Erneuerungsimpuls geht von der Welt- und Europaoffenheit Deutschlands aus. Wir brauchen die Zukunftsfragen nicht allein zu beantworten, sondern können sie in der Europäischen Union und in der Völkerrechtsgemeinschaft stellen, erörtern und lösen. Gerade Deutschland in seiner mitteleuropäischen Lage, als Gründungsmitglied der Europäischen Wirtschaftsgemeinschaft und als größter Mitgliedstaat der Union wird von Europa nicht fertige Antworten erwarten und entgegennehmen, sondern mitgestaltend Europa anregen und sich von dorther anregen lassen. Dabei wird sich zeigen, dass die wirtschaftlichen Großorganisationen umso stärker Einfluss gewinnen, je größer die politische Einheit ist. Deswegen beauftragt die Europäische Union insbesondere als Wirtschaftsgemeinschaft die Mitgliedstaaten, die Freiheit des Einzelnen und des Mittelstandes, der in der Mitte des Wirtschaftsgeschehens steht, im europäischen Rahmen zu entfalten. Der Wettbewerb unter Freien und der weltoffene Markt bauen vor allem auf die individuelle Berufstätigkeit und das persönlich genutzte Verantwortungseigentum.

Die fünfte Kraft, die uns zur Erneuerung befähigt, ist die deutsche Sprache. Wenn wir unseren Staat als Rechtsstaat begreifen, den sozialen Staat vom Wohlfahrtsstaat abheben, die Idee des Bundesstaates nicht zu einem formalen Föderalismus verkümmern lassen, wenn wir vor allem den Wert der Würde jedes Menschen neu entdecken, dann erschließt sich eine in der Sprache weitergegebene Kulturtradition, die uns in eine aus Herkunft erwachsende Zukunft weisen kann.

Die Aufgabe, Deutschland zu erneuern, ist also lösbar, wenn wir uns aus der Besitzstandsstarre lösen, uns gegen die Flutkatastrophe einer Überregulierung stemmen, die Erwartungen an den Staat zurücknehmen, Entscheidungsverantwortlichkeit und Handlungsabläufe im Staat einfach und verständlich machen und uns auf die Kraft jedes Einzelnen zur Selbstgestaltung seines Lebens besinnen. Damit ist der Weg zur Erneuerung Deutschlands vorgezeichnet, der Weg zu mehr Freiheit vom Staat.

3. Überforderung des Staates

Der Ruf nach dem Staat ist laut, die Geringschätzung des Staates lärmend, die Erwartung an den Staat überhöht und widersprüchlich. Der Staat soll seinen Friedenswillen in den Vereinten Nationen kraftvoll zur Wirkung bringen, sich aber nicht in internationale Streitigkeiten oder gar Kriege einbeziehen lassen. Er soll den Terrorismus verlässlich abwehren, aber die Privatsphäre der Bürger vorbehaltlos schützen. Arbeitslose erwarten von ihm Arbeitsplätze, Arbeitgeberverbände und Gewerkschaften aber wehren staatlichen Einfluss auf die Tarifautonomie strikt ab. Universitäten und Forschungseinrichtungen fordern eine bessere Finanzausstattung, die Steuerzahler hingegen verlangen eine Senkung der Steuern. Der Arbeitnehmer beansprucht ein gleichbleibendes Niveau der Sozialversicherungsleistungen, drängt aber ebenso auf eine Minderung der Lohnnebenkosten. Die mittelfristige Haushaltsplanung und Steuerschätzung soll Stetigkeit gewährleisten, dennoch auf Krisen kurzfristig reagieren. Der Finanzminister muss Schulden abbauen, zugleich aber kraftvolle Investitionsimpulse geben. Die Bundesregierung soll deutsche Geiseln befreien, die Geiselnehmer aber nicht durch Lösegeldzahlungen ermutigen.

Kritiker des Staates steigern so die Erwartungen an den Staat ins Unerfüllbare und rügen gleichzeitig seine Handlungsschwäche: Er habe seine Hoheitsgewalt zu sehr auf Gemeinden, Länder, Bund und Europäische Union aufgeteilt, Entscheidungen immer mehr der Mitbestimmungskompetenz gesellschaftlicher Gruppen überantwortet, eher tagesaktuelle Probleme gelöst als sich um dauerhafte Strukturen gekümmert. Die politischen Akteure scheinen, lediglich die jeweils nächste Wahl im Blick, an ständiger Kurzsichtigkeit zu leiden. Sie sind oft von Bittstellern umzingelt, in einer Klientelwirtschaft gefangen, in einem Geflecht von Begünstigungen und Benachteiligungen gebunden. In Wahlzeiten lassen sich die großen Volksparteien beeindrucken, wenn ein Verband energisch Forderungen erhebt, weil die Partei es mit keiner Gruppe verderben will und überall den Eindruck zu erwecken sucht, das Erwünschte sei auch erreichbar. Mancher Politiker scheint mehr bemüht, den Erfolg seines Handelns in der Zeitung zu lesen als im Gesetzblatt.

Die Macht verschiebt sich von Deutschland auf die Europäische Union. Weltweit agierende Unternehmen bestimmen die weltoffenen Märkte und damit auch staatliches Handeln. Parteien und Verbände dominieren politisches Wollen. Deshalb ist mancher kritische Beobachter bereit, den Staat totzusagen, sein baldiges Sterben anzukündigen und ihn – unter dem Stichwort des „poststaatlichen" Zeitalters – zu einer vergangenen, geschichtlich überholten Erscheinung zu erklären. Dennoch gibt es heute zum Staat keine Alternative. Er ist die einzige Organisation, die inneren und äußeren Frieden sichert, als Schuldner der allgemeinen Menschenrechte individuelle Rechte garantiert, Freiheitsrechte in einer konkreten, unmittelbar vollziehbaren Rechtsordnung gewährt und dadurch den Menschen als seinen Bürgern die existenziellen Voraussetzungen individuellen Lebens und Entfaltens erschließt. Deswegen muss die notwendige Kritik am Staat bis zu konkreten Erneuerungsvorschlägen weitergedacht werden. Staatskritik darf den Staat nicht schwächen oder gar gefährden, sie muss vielmehr alle Kräfte sammeln, um ihn zu erneuern und zu verbessern.

4. Fünf Erneuerungsinstrumente

Dieses Erneuerungskonzept gilt zunächst dem Freiheitsprinzip, das dem einzelnen Menschen die selbstbestimmte Gestaltung seines Lebens anbietet, ihn aber nicht aus der Rechtsgemeinschaft ausgrenzt und vereinzelt. Die Freiheitsrechte sind auch ein Instrument, um den demokratischen Staat durch seine Bürger zu erneuern (II.).

Sodann verpflichtet die freiheitliche Verfassung den Staat zur weltanschaulichen Neutralität, setzt dabei aber voraus, dass er aus der Gesellschaft ethische Handlungsmaßstäbe und eine Wertungsmitte gewinnt. Die freiheitliche Demokratie ist in ihrer Konstitution bewusst schwach, um von nichtstaatlichen Institutionen Maßstäbe zur Anregung, Erneuerung und Kontrolle staatlichen Handelns zu empfangen (III.). Eines der wichtigsten Handlungsmittel zur Lenkung menschlichen Verhaltens ist das Geld. Der Staat wirkt heute vielfach mehr durch seine Finanzkraft als durch seine Rechtssetzungsgewalt. Die Macht zu besteuern und zu finanzieren ist aber verfassungsrechtlich schwerer zu formen und zu binden, die individuelle Freiheit gegenüber den Verlockungen eines Geldangebots schwerer zu verteidigen, so dass für den modernen Finanzstaat andere Maßstäbe entwickelt werden müssen als für den herkömmlichen Rechtsstaat (IV.).

Zudem übt der Staat seine Hoheitsgewalt als Mitglied der Europäischen Union und Völkerrechtssubjekt in einem Geflecht zwischenstaatlicher Bindungen zusammen mit anderen aus. Für den Bürger ist sein eigener Staat zwar nicht mehr die alleinige Quelle für das Setzen und Durchsetzen von Recht. Dennoch hofft er, dass die ihn betreffende Gesamtrechtsordnung trotz ihrer unterschiedlichen Entstehensgründe, Zielsetzungen und Sprachen in seinem Staat gebündelt und dort als einheitliche Rechtsordnung vermittelt wird. Die Europa- und Weltoffenheit des Verfassungsstaates ist Chance und Auftrag zugleich (V.).

Ein Verfassungsstaat sichert Frieden durch ein allein sprachlich vermitteltes Verfahren der Konfliktschlichtung. Er meidet möglichst die hoheitliche Anwendung von Zwang und wirkt durch Sprache. Deshalb muss er seine Eigenständigkeit in seiner Sprache pflegen, sich in dieser Sprache verständlich machen, Rechtsstaatlichkeit und Kultur in Sprache entfalten (VI.).

Wenn die Bürger in ihrer Kraft zur Freiheit ihren Staat erneuern, wenn der Staat in der Gesellschaft ethische Handlungsstärke und eine neue Mitte seiner Werte gewinnt, wenn die Macht des Geldes in den Verfassungsstaat eingebunden wird, wenn der Staat in seiner Weltoffenheit und Europazugehörig-

keit die geltende Rechtsordnung bündelt und als Einheit vermittelt, wenn er seine Eigenart als sprachlich handelnde Gewalt
in seiner Sprache pflegt, dann wird unser Staat bald die Statur
einer vertrauenswürdigen, friedenstiftenden, freiheitsichernden
Verfassungsgemeinschaft – einer kraftvollen demokratischen
Nation – zurückgewinnen.

II. Individuelle Freiheit und Gemeinschaft

1. Neue Fragen an den Staat

Der Staat sichert den Frieden, gewährt Freiheitsrechte und bietet die sozialen Grundlagen individuellen Lebens und freiheitlicher Entfaltung. Diese klassischen Aufgaben bestimmen auch heute den Wirkungsbereich eines Staates. Der Staat ist in Zeiten der Bürgerkriege entstanden, als die Menschen im Kampf aller gegen alle sich selbst vernichtet haben. Deshalb wurde der Staat mit einem Monopol legitimer Gewalt eingerichtet, der dank dieser Hoheitsmacht den Krieg beendet und einen Bürgerfrieden begründet, der also bei Konflikten unter den Menschen nur eine Auseinandersetzung mit sprachlicher Gewalt gestattet und das Faustrecht abgeschafft hat. Dabei klammert er auch Grundsatzstreitigkeiten – zwischen Kaiser und Fürst, Staat und Kirche, Wirtschaft und Militär, Ständen und Parlamenten – aus oder hält sie offen, so dass sich der Kampf um die Entscheidung dieser Strukturfragen erübrigt.

Wenn der Staat schützende Macht ausübt, gewinnt er die Gewalt zum Guten wie zum Bösen. Der Bürger sucht deshalb auch Schutz vor seinem Beschützer. Er bindet den Staat in einer übergeordneten Rechtsordnung, die dem einzelnen Menschen Freiheit garantiert. So beginnt der Verfassungsstaat, der die Staatsorgane als Garanten und zugleich auch als potentielle Gegner der Freiheit versteht, der deswegen Grundrechte gewährt und durch Gewaltenteilung, Gesetzesvorbehalt und Staatshaftung die Staatsgewalt zu mäßigen sucht.

Staatlich gewährte Sicherheit und Freiheit genügen dem einzelnen Menschen nicht, wenn ihm die tatsächlichen Voraussetzungen für die Freiheit fehlen. Wer in Freiheit zu verhungern droht, kann seine Freiheitsrechte nicht genießen. Deswegen unterstützt der Staat die Vorsorge für individuelle Lebensrisiken, insbesondere bei Krankheit, fehlender Bildung, Arbeitslosigkeit und Altersgebrechlichkeit. Es entsteht der soziale Staat, der jeden der ihm anvertrauten Menschen als Zugehörigen behandelt und ihn an den jeweils erreichten ökonomischen, kulturellen und rechtlichen Standards der Gesellschaft teilhaben lässt. Diese soziale Vorsorge suchte 1949 bei Erlass des Grundgesetzes dem Menschen Nahrung, Kleidung und ein Dach über dem Kopf zu sichern; heute gewährt sie in unserer reich gewordenen Gesellschaft auch das Telefon und das Fernsehgerät als selbstverständlichen Teil der allgemeinen Freiheitskultur. Staatliche Daseinsvorsorge bietet in den Entwicklungsländern dem einzelnen Menschen eine Handvoll Reis, bei uns eine umfassende Gesundheitsbetreuung und auch die Möglichkeit zum Theaterbesuch.

In diesen klassischen Aufgaben sieht sich der Staat heute neuartigen Bewährungsproben gegenüber: Wenn der Krieg durch Terrorismus ersetzt wird, der Angreifer aus dem Verborgenen kommt, sich gegen ein zufälliges Opfer wendet und um des Angriffs willen zur Selbstaufgabe bereit ist, wird das Recht diesen Täter mit seinen Pflichten und Sanktionen nicht erreichen; selbst die Androhung der Todesstrafe würde den suizidbereiten Angreifer nicht beeindrucken. Der Staat ist deshalb in seinem Friedensauftrag auf die elementare Aufgabe zurückgeworfen, bei den Menschen den Sinn für das Recht zu wecken, auch bei dem im Blick auf seine Gruppenzugehörigkeit denkenden und handelnden Täter individuelle Verantwortlichkeit zu begründen, diese Rechtskultur in der Gemeinschaft der Staaten weltweit zu entfalten und so ein Weltkonzept des Friedens zu entwickeln, das äußeren Frieden aus innerem Frieden und Menschenrechten entwickelt.

In der noch unvollendeten inneren Wiedervereinigung Deutschlands liegt der Auftrag an den Staat, die Grundvoraussetzungen der Staatlichkeit, den Zusammenhalt des Staatsvolkes als Kulturgemeinschaft, zu festigen, den Deutschen also ein Selbstbewusstsein zu vermitteln, das in ihrer ausdrucksvollen Sprache, ihrem verlässlichen Recht, ihrer wirtschaftlichen Leistung und Forschungskraft gründet. Die unterschiedlichen Lebensverhältnisse in West und Ost sind einander anzunähern, um jedem Bürger in Deutschland ähnliche freiheitliche Entfaltungsmöglichkeiten zu bieten. Gemeinsame gelebte Rechtswerte, insbesondere die Würde jedes Menschen als Grundlage des Verfassungsstaates, sind zu vertiefen und allgemein bewusst zu machen. Der innere Zusammenhalt des Staatsvolkes in seinem Verfassungsstaat wird erst in der Gegenwart zur Selbstverständlichkeit. Zugleich rückt die Erweiterung der Europäischen Union um zehn Mitgliedstaaten in Mittel- und Osteuropa Deutschland von einer Randlage in eine europäische Mittellage, die unserem Land als einem Gründungsmitglied der Union und als geografischem Mittelpunkt Europas Kernaufgaben und Kernverantwortlichkeiten zuweist. Der Gedanke einer vom Staatsgebiet bestimmten „National"-Ökonomie, einer vom Staatsvolk getragenen „Volks"-Wirtschaft bleibt zwar wirksam, muss aber unter grundlegend veränderten Umständen verwirklicht werden.

Die Wissenschaft macht sich auf den Weg, die Identität des Menschen durch Veränderung von Erbinformationen in Frage zu stellen. Damit muss der Verfassungsstaat um eine seiner unverzichtbaren Grundannahmen, die Identität jedes Menschen, kämpfen. Er findet den Menschen in seiner Personalität und Individualität vor, spricht ihm in seinem Dasein und Sosein Würde zu, gewährt ihm Freiheit und erklärt den Menschen als Person und Persönlichkeit für unantastbar. Die Freiheitlichkeit des Staates bewährt sich hier in seiner Bereitschaft, das Vorgefundene als vorgegeben anzuerkennen. Wäre diese Identität des Menschen biologisch-medizinisch nicht mehr gleichbleibend vorgegeben, verlöre der Verfassungsstaat ein Axiom, auf dem der freiheitliche Rechtsstaat und die Demokratie aufbauen.

Die Realität der Märkte fordert vom Staat eine wirtschaftsrechtliche Neubesinnung. Die Garantie von Berufs- und Eigentümerfreiheit baut auf das Ideal eines Unternehmers, der sein Unternehmen selbst leitet und die Qualität seiner Leistung mit seinem Namen und seinem Vermögen verantwortet. Dieser Zusammenhang zwischen Eigentümermacht und Eigentümerverantwortung verflüchtigt sich umso mehr, je anonymer die Kapitalgesellschaften organisiert sind und sich dadurch die Eigentümerfreiheiten auf Vorstand, Aufsichtsrat, Aktionäre und Kreditgeber aufteilen. Die Eigentümerverantwortung verliert sich gänzlich in der Allgemeinheit des Marktes, wenn das moderne Finanzkapital in Sekundenschnelle um den Erdball kreist, sich am Ort größter Renditehoffnungen platziert und dort Kapitalmacht einsetzt, mag sie nun Arzneimittel oder Waffen produzieren. Der Kapitalgeber sieht sich nicht mehr in einer rechtlichen Verantwortlichkeit für die Wirkungen seines Kapitals. Der Vorstand einer Kapitalgesellschaft stellt sein Handeln völlig in den Dienst des Aktionärsnutzens, plant in der Kurzfristigkeit und Aufgeregtheit von Kursentwicklungen, Quartalsberichten, Jahresergebnissen und Jahresprämien. Allein die Familiengesellschaften scheinen ihr Unternehmen langfristig zu führen, seine Nachhaltigkeit am Standort, im Heimatmarkt, in der Produktentwicklung und der Arbeitnehmerbindung zu pflegen. Vielfach muss ein Vorstand mehr eine feindliche Übernahme abwehren als eigene Produkte entwickeln, eher den Analysten und damit dem Kapitalmarkt imponieren als den zukünftigen Kunden, eher einem Benchmarking dienen als den Prinzipien einer Wirtschaftsethik. Erschließt das geistige Eigentum sodann einen Markt, in dem Urheberrechte, Filme oder Nachrichten entgeltlich zur Nutzung überlassen werden, fehlt diesem Markt die Mäßigung durch die Knappheit der Güter. Einkommen werden erzielt, ohne dass Waren hingegeben werden müssen. Dadurch wächst der Hang zur Maßlosigkeit, zur fast grenzenlosen Gewinnmaximierung, zur Spekulation. Der Neue Markt hat uns dies nachdrücklich gelehrt. Verantwortungseigentum und lauterer Wettbewerb scheinen hier durch die herkömmlichen Instrumente des Rechts kaum noch gewährleistet zu sein.

Wenn die Menschen allabendlich im kleinen Welttheater des Fernsehens die Kriege, Katastrophen und Rechtsverletzungen dieser Welt in eindringlichen Bildern erleben, aber kaum von Maßstäben und Konzepten zur Verbesserung der Welt hören, wenn insbesondere unsere Kinder oft länger vor dem Fernsehgerät als vor ihrem Lehrer sitzen, wenn sie vor der Programmvielfalt scheitern und als Zapper-Philipp die für sie geeignete Sendung verfehlen, hat der Staat seinen Bildungsauftrag dieser neuen Wirklichkeit anzupassen. Er muss den jungen Menschen Selbstbewusstsein, Selbstgestaltungswillen, Verzichtsbereitschaft, Zugehörigkeit vermitteln, er muss die älteren auch auf ihre Freiheitsfähigkeit und Wirkungskraft verweisen und ihnen ihre Freiheitsverantwortlichkeit in Demokratie und Rechtsstaat fordernd bewusst machen.

2. Freiheit als Angebot

Wichtigster Inhalt unserer Staatsverfassungen sind die Freiheitsrechte. Freiheitsrechte sind Angebote, die der Berechtigte wahrnehmen oder auch ausschlagen kann. Er entscheidet selbst, ob er das Angebot zur Ehe und zur Familie annimmt, also eine Ehe und eine Elternschaft begründen, oder allein leben will. Er beteiligt sich im Rahmen der Berufs- und Eigentümerfreiheit freiwillig am Erwerbsleben, unterliegt keinesfalls einem Arbeits- und Erwerbszwang. Er entscheidet individuell, ob er sich wissenschaftlich für das Auffinden der Wahrheit anstrengen, künstlerisch das Schöne in Formensprache ausdrücken, religiös die Frage nach dem Unauffindbaren stellen will. Und auch unsere Demokratie gewährt nur ein Wahlrecht, sie begründet keine Wahlpflicht.

Dennoch sind die Rechtsgemeinschaft und der Staat darauf angewiesen, dass die Mehrzahl der Berechtigten von sich aus die Freiheitsangebote annehmen und im Kind die Zukunft der Gemeinschaft sichern, im Erwerbsstreben der sozialen Marktwirtschaft und auch dem Finanz- und Steuerstaat eine Grundlage erwirtschaften, in der Anstrengung für Wissenschaft, Kunst und Religion dem Kulturstaat Gesicht, Sprache und Handlungsfähigkeit geben. Und die Demokratie muss gegenwärtig wieder bewusst machen, dass ihre Legitimations- und Gestaltungskraft schwindet, je weniger Wahlberechtigte sich an den Wahlen beteiligen und damit die Abgeordneten und das Parlament als ihre Repräsentanten anerkennen.

Eine freiheitliche Staatsverfassung wird deshalb nur in Hochkulturen gelingen, in denen die Menschen dank innerer Bindung zur Freiheit bereit und kraft ihrer Ausbildung und Bildung zur Freiheit fähig sind. Freiheit baut deshalb auf Religion und Kirche, die menschlichen Freiheitssinn und Verantwortlichkeitsmaßstäbe vermitteln, auf Familie und Elternschaft, die Freiheitserfahrung, Lebensklugheit und Kulturtradition an die nächste Generation weitergeben, auf Schule und Wissenschaft, die Berufswissen, Lebenswissen und Kulturwissen erforschen und lehren.

Dabei wird vor allem die Erfahrung weitergegeben, dass der Mensch in einer Rechtsgemeinschaft nicht Freiheit, sondern Freiheitsrechte beanspruchen darf, dass das Recht aber stets auf einen Partner trifft, der gleiche Rechte hat. Die Wahrnehmung von Freiheitsrechten muss jeweils auf die Rechte des Gegenübers abgestimmt werden, der in der rechtserheblichen Begegnung zweier Menschen gleichermaßen betroffen ist. Ein Freiheitsrecht ist deshalb ein Recht zur Beliebigkeit nur dann, wenn es um die kleinen Gegenwartsfreiheiten geht, die nur den Freiheitsberechtigten selbst berühren. Er wählt heute ein Glas Wein und morgen ein Glas Bier, fährt heute mit dem Auto und geht morgen zu Fuß, liest heute ein Buch und besucht morgen eine Ausstellung. Für diese Selbstbestimmung über eigenes Verhalten schuldet der Freiheitsberechtigte niemandem Rechenschaft. Würde der Staat nach dem Warum fragen, würde der freiheitsbewusste Mensch jede Antwort verweigern.

Für die individuelle Biografie wie für das Gemeinschaftsleben wesentlicher sind allerdings die großen Zukunftsfreiheiten, bei deren Wahrnehmung der Mensch im ersten Schritt frei, im zweiten hingegen gebunden ist. Diese Freiheiten bieten das Recht zur langfristigen Bindung, weil andere Menschen von der Ausübung der Freiheitsrechte mit betroffen sind: Der Student studiert viele Semester, um mit den so erworbenen Kenntnissen einen Lebensberuf für andere auszuüben. Der Unternehmer gründet eine Firma, die auch der Freiheit der Kunden, der Arbeitnehmer und der Vorlieferanten eine Grundlage bietet. Der Mensch baut ein Haus in einer Standsicherheit, die es auch seinen Kindern und Enkelkindern noch erlaubt, dort zu wohnen. Die Eltern entscheiden sich für ein Kind und übernehmen damit eine unkündbare und unscheidbare lebenslängliche Elternverantwortlichkeit. Bei der Wahrnehmung dieser Zukunftsfreiheiten erschließt sich der Berechtigte einen neuen Lebensbereich und erweitert damit seine Freiheit wesentlich, muss sich dabei auch in Verantwortlichkeit gegenüber den mitbetroffenen Menschen rechtlich binden.

Würde ein Freiheitsberechtigter diese Bindungen abwehren und allein in der Gegenwartsfreiheit zur Beliebigkeit verharren wollen, so blieben ihm viele Türen zu Gärten der Freiheit versperrt. Wer nicht das Glück von Ehe und Familie, von Ausbildung und Berufstätigkeit, von Firmengründung oder Hausbau erfährt, lebt in einem viel engeren Freiheitsbereich als derjenige, der sich in Freiheitsanstrengung, persönlicher Qualifikation und Bindungsbereitschaft weitere Freiheiten erschließt. Freiheit setzt damit auch auf eine Kultur, die zur Nachhaltigkeit, zur langfristigen Selbstbindung, zur verantworteten Freiheit befähigt.

Werden die Grundrechte so wieder als Rechte verstanden und in der Freiheit zur langfristigen Bindung wahrgenommen, so grenzt Freiheit den Berechtigten nicht aus der Rechtsgemeinschaft aus, entlässt ihn nicht in eine selbstgenügsame Vereinzelung, empfiehlt ihm nicht Freiheit dank Einsamkeit, sondern stärkt seine Zugehörigkeit zu Staatsvolk und Staat und stützt auch die demokratische Verantwortlichkeit des Staatsbürgers für sein Gemeinwesen. Freiheitsrechte bestimmen über die Art und Weise menschlicher Begegnung. Sie sichern nicht einen Weg zu Gemeinschaftsferne und Distanz.

Allerdings entspricht der Mensch nicht immer dem Ideal des selbstbestimmten, gestaltungsfreudigen, urteilsfähigen Freien, sondern ist häufig abhängig und hilfsbedürftig. Das Kind ist zunächst auf die Ernährung und Betreuung durch die Mutter angewiesen, empfängt von ihr die Muttersprache, wird von den Eltern in eine stetig wachsende und anspruchsvoller werdende Gemeinschaft der Familie, der Nachbarschaft, der Kirche, des Sports, des Wirtschaftslebens und der Kultur eingeführt, wird in Schule und Ausbildungsstätte unterrichtet und erzogen. Aber auch als Erwachsener ist der Mensch in unserem System arbeitsteiligen Wirtschaftens und Versorgens auf Leistungen anderer angewiesen, stützt sich bei Krankheit und Altersgebrechlichkeit auf eine helfende Hand, braucht in Fällen jeglicher Not Beistand und Unterhalt durch Dritte. Das Freiheitsrecht gewährt hier nicht Freiheit vom Staat oder vom Einfluss anderer, sondern Freiheit durch andere, es ereignet sich nur in der Verantwortlichkeit oder rechtlichen Verpflichtung Dritter. Das Grundgesetz schützt deshalb die Freiheit der Kinder durch ein Elternrecht, das ausdrücklich auch Elternpflicht ist, schafft einen sozialen Staat, der gegen individuelle Schwäche und Krisen vorsorgt, fördert ein Bildungssystem zur stets verbesserten Qualifikation der Menschen, verpflichtet den Finanzstaat auf eine gesamtwirtschaftliche Stabilität und Nachhaltigkeit, die jedermann die ökonomische Grundlage individueller Freiheit bietet.

3. Freiheit im Vertrauen auf eine Verfassung

Ein Zusammenleben in Freiheit stützt sich somit auf das Vertrauen, dass die Freiheitsberechtigten die Freiheitsangebote annehmen, dass sie Freiheit als Recht – in der Verantwortlichkeit gegenüber dem mitbetroffenen Partner – wahrnehmen und dass sie deshalb den Schwachen und Hilfsbedürftigen schützen. Der Mensch vertraut nur einem anderen, wenn er ihm vertraut ist, wenn er die Erfahrung gewonnen hat, dass der andere nach allgemeinen, gemeinsamen Maßstäben handelt, dass von ihm keine Täuschung, Enttäuschung oder Verletzung droht, dass man ihm offen und unbeschwert begegnen kann, dass er also verantwortlich handelt.

Eine Grundlage dieses Vertrauens bietet die Verfassung. Das Grundgesetz ist das Gedächtnis der Demokratie, das die Mindestanforderungen menschlichen Zusammenlebens rechtsverbindlich regelt, jedermann auf diese rechtliche Ordnung verpflichtet und dem Staat Autorität und Organe gibt, um Recht zu setzen und durchzusetzen. Freiheit ereignet sich im Rahmen dieser Verfassung, findet dort ihr Fundament gemeinsamer Werte, gewinnt in den unverletzlichen und unveräußerlichen Rechten und Institutionen eine geistige, prinzipielle Orientierung und konkrete, praktische Verhaltensvorgaben. Die Verfassung gibt erprobte Werte, bewährte Institutionen und verlässliche politische

Erfahrungen rechtsverbindlich an die Zukunft weiter. Diese Vorschriften sind Nachschriften von historischen Erfahrungen, menschlichen Einsichten, gemeinsamen Wertungen, aber auch Vorausschriften von Lebensregeln, die Vorrang vor individuellem Wollen und tagesaktuellen Rechtssätzen beanspruchen, auch Vorbehalte für das zukünftige Setzen und Durchsetzen von Recht begründen.

Ausgangspunkt und Mitte dieser Verfassung ist die Garantie der Menschenwürde. Jeder Mensch hat Würde, allein weil er existiert. Mag er reich oder arm, mächtig oder ohnmächtig, gesund oder krank, erfolgreich oder erfolglos, Mann oder Frau, Inländer oder Ausländer sein, er ist in seinem Dasein und Sosein in dieser Rechtsordnung willkommen. Diese Würde ist der Wert, der die Verfassungsordnung zusammenhält. Der Verfassungsstaat und seine Ordnung anerkennen jeden Menschen, den Nobelpreisträger wie den selbstverschuldeten Alkoholiker, als Zugehörigen. Er ist dem Staat anvertraut, wird nicht ausgegrenzt, nicht geächtet, nicht entrechtet und verfolgt, sondern wird als Mensch rechtlich geschützt, als Person zu einem Rechtssubjekt gemacht, das Rechte erwerben und sich am Rechtsleben beteiligen kann, und als Persönlichkeit in seiner freien Entfaltung gestützt und geachtet.

Diese Idee der Menschenwürde hat in der christlichen Lehre vom Menschen als *imago Dei* ihren Ursprung. Nicht nur der König oder der Fürst, sondern jeder Mensch beansprucht Ebenbildlichkeit Gottes und damit Personalität, Individualität und Freiheit. Diese christliche Lehre von der Würde jedes Menschen ist der radikalste und wirksamste Gleichheitssatz der Geschichte, weil er jedem Menschen einen gleichen rechtlichen und sozialen Status zuspricht und in diesem Status Freiheit gewährt und Verantwortlichkeit erwartet. Der christliche Fundamentalgedanke von der Menschenwürde ist seit zweitausend Jahren erprobt und bewährt, er stützt sich auf die römische

Lehre von der *dignitas*, ist später im Humanismus, in der Aufklärung, in den sozialen Bewegungen des 19. Jahrhunderts erprobt und verdeutlicht worden und bildet heute die unverzichtbare Kernaussage aller Verfassungsstaaten. Das Wort von der Würde hat Macht gewonnen: Der *logos*, das *verbum*, das Wort, die *thora* greift über von der Gesetzestafel auf den Menschen, gewinnt dort Leben, Gestaltungskraft und die Macht, zu binden und zu vollstrecken.

Wegen dieser Menschenwürde „bekennt" sich, so sagt es Artikel 1 des Grundgesetzes, das Deutsche Volk zu den unverletzlichen und unveräußerlichen Menschenrechten als Grundlage jeder menschlichen Gemeinschaft, des Friedens und der Gerechtigkeit in der Welt. Am Anfang einer Verfassung, die auf Rationalität, Nachvollziehbarkeit und gerichtliche Kontrolle angelegt ist, steht das Axiom der Menschenwürde; die Erkennensordnung beginnt mit einem Bekennen. Dieses Bekenntnis bestimmt das Grundgesetz in seiner Eigenart. Diese Verfassung kann in einzelnen Aussagen verändert werden. Eine Änderung des Grundgesetzes aber, die das Axiom der unantastbaren Menschenwürde berührt, nähme dem Grundgesetz seine Mitte und ist deshalb unzulässig. Das Grundgesetz sucht auch in seiner Schlussbestimmung die aus der Menschenwürde folgenden Prinzipien von Freiheit und Demokratie sogar für den Fall der Verfassungsablösung, also der revolutionären Ersetzung dieser Verfassung durch eine andere, zu bewahren.

Unsere Verfassung muss sich gegenwärtig allerdings nicht in Revolutionen bewähren, sondern in ihrer Offenheit gegenüber anderen Kulturen. Die modernen Möglichkeiten weltweiten Reisens, Begegnens und Tauschens bieten die Freiheitschancen, sich durch fremde Kulturen anregen und durch das Unvertraute herausfordern und erneuern zu lassen. Allerdings setzt die Freiheit für das Ungewohnte und Andersartige die Sicherheit im Eigenen, die Unverbrüchlichkeit und Unverletzlichkeit der eigenen Verfassung voraus. Die multikulturelle Gesellschaft ist offen, gestattet aber keinen Wettbewerb der Kulturen um den Inhalt der Verfassung. Offenheit setzt Freiheit voraus, und Freiheit braucht eine freiheitliche, demokratische Verfassung.

Die Forderung, kulturelle Offenheit und Vielfalt müsse eine stetige Verfassung bewahren, wird einsichtig, wenn wir sie ins Konkrete wenden: Unsere Verfassung spricht jedem Menschen, auch dem Andersdenkenden und politischen Gegner, eine gleiche Würde zu; totalitäre Systeme definierten den politischen Gegner als „Schädling", den es zu vernichten gilt. Unsere Verfassung anerkennt die Würde jedes Menschen und garantiert deshalb die Gleichberechtigung von Mann und Frau; andere Kulturen erwarten von den Frauen, dass sie dem Manne ein Leben lang dienen. Unsere Verfassung kennt das demokratische Prinzip der Macht auf Zeit, der Abwählbarkeit der Mächtigen; andere Staaten erwarten, dass die Menschen dem Staatsführer ein Leben lang huldigen. Freiheitliche Verfassungen kennen die Religionsfreiheit für jedermann; andere Verfassungen begründen eine Staatsreligion, die den Wechsel der Religionsgemeinschaft mit der Todesstrafe bedroht. Das Grundgesetz garantiert das privatnützige Eigentum; andere Verfassungen behalten dem Einzelnen unter dem Stichwort des „Volkseigentums" das Eigene vor.

Viele weitere Verfassungsinhalte, insbesondere die Freiheit von Wissenschaft und Kunst, Ehe und Familie, Medien und Erwerbswirtschaft, Wohnung und Privatsphäre, belegen, dass das Grundgesetz in seinen Kerngewährleistungen nicht zur Disposition steht und dass die freiheitliche Demokratie wehrhaft ist, wenn sie sich gegenüber anderen Rechtsordnungen bewähren muss. Kulturelle Offenheit setzt die Sicherheit in der eigenen Rechtskultur voraus. Toleranz braucht den eigenen verlässlichen Standpunkt, der selbstbewusst und deshalb gelassen verteidigt wird. Sie ist ein geistiger Kraftakt des Menschen, der sich in der

Sicherheit des unverzichtbar Eigenen durch das Andere, Fremde, Unvertraute anregen, erneuern, weiten und verändern lässt.

4. Freiheitsschutz durch einen starken Staat

Das Freiheitsrecht zur Begegnung mit anderen freien Menschen braucht also einen Staat, der die Freiheitsrechte gegen Gegner der Freiheit durchsetzt. Das Entstehen des Staates im Bürgerkrieg lehrt, dass die Staatsgewalt als Garant inneren Friedens erst Freiheit ermöglicht. Der Alltag von Kriminalität und Vertragsbruch zeigt, dass die freiheitliche Begegnung ohne Staatsanwalt und staatliche Gerichte nicht gelingen wird. Internationale Konflikte erinnern daran, dass gerade die Kultur- und Wirtschaftserfolge freiheitlicher Gesellschaften Begehrlichkeiten wecken und deshalb durch den freiheitlichen Staat auch gegen andere Gruppen oder Staaten verteidigt werden müssen. Die Instrumente dieser Verteidigung bietet das Recht mit seiner innerstaatlichen Friedensordnung, dem europäischen Staatenverbund, den Vereinten Nationen und dem sonstigen Völkerrecht, aber auch mit dem Anspruch eines staatlichen Gewaltmonopols, das Recht bewahrt und durchsetzt und deshalb die Rechtstreue aller beteiligten Menschen fordert. Freiheit wird zur Willkür, wenn sie nicht rechtlich gebunden ist.

Freiheit setzt deshalb auf einen Rechtsstaat. Recht beansprucht Geltung und muss diesen Geltungsanspruch notfalls durch staatliche Organe erzwingen. Würde aber das Recht nur befolgt, weil es jeweils erzwungen ist, würde der Rechtszwang in seiner Häufigkeit und Intensität die Freiheit widerlegen und am freiheitsbewussten Menschen scheitern. Recht und Staat setzen deshalb die Bereitschaft der Gemeinschaft zu Frieden, bindenden Werten, zu Pflicht und Grenze voraus. Das einsichtige und vertraute Recht wird von den Menschen angenommen, die Demokratie von den Bürgern gelebt, weil eine gemeinsame Wertekultur Rechtsgemeinschaft und Staatsvolk zusammenhält. Die Autorität des Rechts gründet auf der Überzeugungskraft seiner gewachsenen Grundwerte und Institutionen.

Der Verfassungsstaat muss seine Verfassungskraft einsetzen, um das Recht und seine Entwicklung gegenüber Wirtschaft, Medien und einer zur Vereinzelung neigenden Gesellschaft zur Wirkung zu bringen. Dabei hat er weniger, wie in den Gründerzeiten des Staates, für die Beachtung der verbindlichen Regeln zu kämpfen. Mächtige Gruppen im Staat haben erreicht, dass der Gesetzgeber das Recht oft nach ihren Wünschen umgestaltet. Die Rechtsordnung regelt nicht mehr nur die allgemeine und einfache Struktur des Zusammenlebens, sondern befriedigt tagesaktuelle Regelungsbedürfnisse und gruppennützige Rechtsanliegen. Aus der rechtlichen Grundsatzordnung wird eine überquellende Fülle von Detailregelungen, die Besonderheiten, Ausnahmen, Privilegien und Bevorzugungen enthalten. Die Gleichheit vor dem allgemeinen Gesetz und das Verbot der Einzelfallgesetze verlieren an praktischer Wirksamkeit.

Gegenüber der Privatwirtschaft und ihren mächtigen Verbänden hat der Staat insbesondere seine freiheitssichernde Geradlinigkeit im Steuerrecht, im Arbeitsrecht und im Sozialrecht verloren. Das Steuerrecht stellt sich zunehmend in den Dienst einer Klientelwirtschaft, die durch eine Fülle von Vergünstigungen und Bevorzugungen Menschen an den Staat und eine bestimmte Politik zu binden versucht, sich dabei aber in diesem Privilegiensystem fast bis zur Handlungsunfähigkeit verheddert: Der Beschenkte ist nicht dankbar, sondern verlangt mehr; der Schenker hat Beifall empfangen und hofft auf weiteren Applaus. So dreht sich die Spirale wachsender, oft auch widersprüchlicher Steuerbevorzugungen immer mehr. Fast jeder Steuerpflichtige glaubt, sein Privileg mache ihn zum Privilegierten, ohne zu ahnen, dass die Privilegien seines Nachbarn oder Konkurrenten zahlreicher sind und er deshalb durch einen Verzicht auf alle Privilegien steuerlich besser gestellt würde. Zudem kauft der Staat dem Begünstigten ein Stück seiner Freiheit wieder ab, wenn er einen Steuervorteil davon abhängig macht, dass der Steuerpflichtige in den Schiffsbau, den Denkmalschutz oder Risikofonds investiert, er also Verhaltensweisen wählt, für die er sich selbst aus eigener ökonomischer Vernunft so nicht entscheiden würde. Wenn der Steuerpflichtige sich schließlich noch in Verlustzuweisungsgesellschaften rechtlich bindet, deren ausschließlicher Zweck das Produzieren von Verlusten ist, so hat der Freiheitsberechtigte seine Freiheit zur ökonomischen Vernunft gänzlich aufgegeben.

Die Fülle und Widersprüchlichkeit der Ausnahmen, Bevorzugungen und Privilegien macht das Steuerrecht so unübersichtlich, dass der Steuerpflichtige es nicht mehr verstehen, also auch nicht als gerecht empfinden kann und dass er schwerwiegende Ungerechtigkeiten und Widersprüchlichkeiten nicht erkennt. Dies zeigt gegenwärtig die Debatte um einen gleichbleibenden Steuersatz (Flat Tax). Seit dem biblischen Zehnten ist der europäischen Kulturordnung geläufig, dass ein gleichbleibender Steuersatz die höheren Einkommen höher, die niedrigen Einkommen niedriger besteuert. Wir haben heute in Deutschland für die Körperschaften einen gleichbleibenden Steuersatz von 25 % auf die im Unternehmen verbleibenden Gewinne. Ob eine Kapitalgesellschaft 100.000, eine Million oder eine Milliarde Euro verdient, sie zahlt stets 25 % Körperschaftsteuer. Die wesentliche, in der Trennung von Einkommen- und Körperschaftsteuergesetz verschleierte Gerechtigkeitsfrage lautet nun, ob es richtig ist, dass reinvestierte Gewinne bei der Kapitalgesellschaft mit 25 % besteuert werden, die Arbeitseinkommen hingegen in der Spitze mit 42 %. Wer für die Gleichheit von Arbeit und Kapital streitet, muss für einen Spitzensteuersatz von 25 % kämpfen. Sodann sollten die Anfangseinkommen im existenznotwendigen Bedarf von 10.000 Euro pro Jahr von der Einkommensteuer gänzlich entlastet werden, die darüber hinausgreifenden Kleineinkommen zunächst mit 15 %, in höheren Beträgen mit 20 % belastet werden. Nach diesem System müsste der Einkommensmillionär pro Jahr fast 250.000 Euro in die Gemeinschaftskasse zahlen, der Bezieher von 10.000 Euro null Euro, der Bezieher von 20.000 Euro weniger als 2000 Euro pro Jahr. Das ist gerecht. Doch die öffentliche Diskussion sieht weniger die einfache und gerechte Struktur dieses Systems, sondern lässt sich mehr von der Undurchsichtigkeit des geltenden Rechts verwirren. Unsicherheit aber provoziert Abwehrreaktionen und flüchtet in polemische und demagogische Abwehrformeln.

Im Arbeitsrecht dominiert das von den Verbänden vereinbarte kollektive Recht deutlich über den individuell abgeschlossenen Arbeitsvertrag. Die von Arbeitgeberverbänden und Gewerkschaften vereinbarten Tarifverträge haben das historische Verdienst, die Schwäche des Arbeitnehmers gegenüber dem Arbeitgeber ausgeglichen und den Arbeitsfrieden gesichert zu haben. Auch heute fördert diese Verbandsstruktur diesen Ausgleich und diesen Frieden, schützt aber oft auch den hohen Lohn- und Sozialversicherungsanspruch der Arbeitnehmer zu Lasten der jungen Arbeitsuchenden und der sonstigen Arbeitslosen. Dieses System definiert den im Arbeitsleben Schwachen und Schutzbedürftigen falsch. Aus dem Schutz des Schwächeren wird ein Besitzstand der Etablierten.

Auch das soziale Sicherungssystem muss auf eine veränderte Wirklichkeit neu ausgerichtet werden. Es verweist gegenwärtig den Freiheitsberechtigten wieder nachdrücklich auf die Freiheitserwartung der Rechtsgemeinschaft. Der „Generationenvertrag" wird die Leistungsversprechen nur erfüllen können, wenn der zweite Vertragspartner, die nächste Generation, in ausreichender Zahl geboren worden ist, die Menschen also ihre Freiheit zum Kind vermehrt wahrnehmen. Sodann darf das soziale Sicherungssystem nicht genutzt werden, um durch Frühverrentung und Entlassung Betriebssanierungen zu Lasten des Sozialsystems durchzuführen, also ein Sanierungsproblem auf die Sozialversicherung zu überwälzen. Schließlich hat jedes Kollektiv und jedes weitgehend anonym finanzierte Leistungssystem den Hang, neuen Finanzbedarf zu entwickeln sowie Macht und Reichtum der Finanzfonds und ihrer Herrscher zu mehren, die Frage nach einer Entlastung der Systeme und ihrer Beitragszahler möglichst zu unterbinden.

Deshalb muss der Staat den rechtlichen Rahmen einer freiheitlichen Gesellschaft so erneuern, dass jeder Steuerpflichtige, der den Inlandsmarkt mit seiner Rechts- und Währungsordnung, seinen gut ausgebildeten Arbeitskräften, seiner Kaufkraft genutzt hat, auch tatsächlich und unausweichlich zur Finanzierung dieses Staates beiträgt. Das kollektive Arbeitsrecht muss vom Staat so gelockert und für Individualvereinbarungen zugänglich gemacht werden, dass die Schwachen – die Arbeitslosen und Berufseinsteiger – gegenüber den Starken eine faire Chance gewinnen. Das Recht der sozialen Sicherung ist vom Staat so umzugestalten, dass diejenigen, die zum Generationenvertrag am meisten beigetragen haben, die Eltern und herkömmlich die Mütter, die besten Ansprüche erhalten, dass die Sicherung gegen individuelle Not auch sozialrechtlich in der Familie ihren Ursprung findet. Hier muss der Staat Stärke gegenüber privater Mächtigkeit beweisen, die Anliegen der *res publica* gegenüber Verbands- und Gruppenzielen durchsetzen.

Diese Gestaltungskraft des Staates hängt von der Einsichtigkeit des Rechts, dem Ansehen der Politiker, der gelebten Demokratie ab. Damit liegen Chancen und Risiken einer freiheitlichen Demokratie vielfach in Händen der Medien. Die Freiheit der Meinungsäußerung, die Freiheit von Wort und Bild auch der Medienorganisationen ist ein wesentlicher Inhalt freiheitlichen Begegnens und Austauschens. Zugleich bietet die Freiheit der Medien die beste Gewähr, dass der Bürger über Staat und Gemeinschaftsleben gut informiert ist, er die programmatischen und personellen Alternativen der politischen Parteien kennt, er im Kommentar für Deutungs- und Verstehensalternativen nachdenklich wird. Ebenso aber kann die Macht des Wortes und des Bildes diffamieren und zerstören. Meister des Wortes wie Heinrich Böll oder Jean-Paul Sartre haben in der *Katharina Blum* und im *Nekrassow* gezeigt, wie der Pranger der Medien einen Menschen zerstören oder seiner Identität berauben kann. Wer über einen Menschen, den er persönlich nicht kennt, ständig etwas Verächtliches oder Vorwerfbares liest, wird diesen Menschen in dem Blickwinkel dessen beurteilen, der die Feder oder das Mikrofon in der Hand hat. Die Macht des Bildes kann sich jeder bewusst machen, der abends Fernsehnachrichten ohne Ton anschaut und dabei erlebt, wie der eine Politiker im Glanz von Lächeln, Staatssymbolen und Publikumsbeifall präsentiert, der andere übermüdet, in der Hast seines Weges, umringt von Kritikern dem Zuschauer gezeigt wird.

Die politischen Parteien tun ein Übriges, um den politischen Gegner als unbegabt, verblendet, eigennützig, sogar als korrupt und kriminell darzustellen, die andere Partei mit Szenen der Intrige, des Ränkespiels, der Kleinlichkeit, der Staats- und Zukunftsvergessenheit, auch des Unsozialen, der Umweltausbeutung, der Kinder- und Familienfeindlichkeit zu verbinden. In diesen Darstellungen liegt oft ein Stück berechtigter Kritik. Das Problem liegt in der Personalisierung und Übersteigerung. Während das Wirtschaftsunternehmen in einem harten Wettbewerb nach guter kaufmännischer Gepflogenheit und einem Gesetz gegen den unlauteren Wettbewerb die eigene Leistung und sich selbst preist, nicht aber Personal und Produkte der Konkurrenz herabwürdigt, kennt der politische Wettbewerb diesen Stil von Leistungswettbewerb und Lauterkeit nicht. Wenn aber das Führungspersonal der Politik sich wechselseitig gering schätzt und sich eine Geringschätzung durch die Medien fast wehrlos bieten lässt, erfasst diese Einschätzung letztlich auch die staatlichen Institutionen, schreckt den politischen Führungsnachwuchs ab, lässt den Wähler in der Bereitschaft ermüden, den Gewählten zu legitimieren. Hinzu kommt eine Taktik der Wahlversprechen, die jedem Wähler fast alles Wünschbare verheißt, dieses Versprechen dann aber nicht erfüllen kann. Der Wähler wird enttäuscht, die Politik unglaubwürdig, der politische Kampf und die übertriebenen Ankündigungen lassen die Politik als „schmutziges Geschäft" erscheinen. Ein Journalist sagte mir jüngst einmal, die wichtigste Qualifikation eines Politiker sei die Freude an der Intrige. Zwar ist die politische Wirklichkeit anders, kennt den Menschen mit menschlicher Größe, den vom Willen zum Besseren beseelten Kämpfer, den seine Verantwortlichkeit vor der Geschichte spürenden Staatslenker. Doch braucht die Politik das Vertrauen der ihr anvertrauten Wähler. Deswegen sind die Maßstäbe für den Wahlkampf, für die parlamentarische Debatte, für die Qualifikation der Politiker, die Durchlässigkeit zwischen Politik, Wissenschaft und Wirtschaft grundlegend zu erneuern.

Der Staat wird seine rechtliche Gestaltungsmacht auch einsetzen müssen, um zu dem Prinzip der Freiheitsrechte zurückzufinden. Deshalb muss sich jeder Mensch – auch der Prominente und Politiker – eine geschützte Privatsphäre bewahren können, in der er nicht gesehen, nicht fotografiert und nicht kommentiert wird. Sodann könnte der Staat freiheitliche Selbstkontrollmechanismen der Journalisten und Medien anregen, in denen jeder Berichterstatter, jeder Kommentator und Regisseur in einem Jahresrückblick verantwortet, warum er berichtet oder geschwiegen, gelobt oder getadelt, gehofft oder befürchtet, wiederholt oder abgebrochen hat. Diese Selbstkontrolle unter Journalisten könnte Maßstäbe bilden und Verantwortlichkeiten stärken, ohne dass der freiheitsverpflichtete Staat Freiheitsgrenzen rechtlich neu definieren müsste.

Der Staat hat auch ins Bewusstsein zu rücken, dass Freiheitsrechte nicht die Vereinzelung, sondern die Begegnung meinen. Wenn viele Menschen glauben, ihr Berufs- und Privatleben als Individuum gestalten zu können, werden sie erleben müssen, dass die Beschränkung auf die berufliche Arbeitnehmerpflicht, die Freizeitgestaltung durch Sport- und Kulturorganisationen sowie das Fernsehen die mitmenschliche Begegnung in Flüchtigkeit und Wechsel verkümmern lässt und den Erlebnisbereich des Menschen wesentlich verkürzt. Wer Ehe und Familie nicht erlebt, seine Gestaltungskraft für die eigene Wohnung und das eigene Haus nicht eingesetzt, seine berufliche Leistungskraft niemals außerhalb des fremdbestimmten Arbeitsplatzes genutzt hat, hat viele Gärten der Freiheit nicht betreten und damit seinen Freiheitsraum wesentlich verengt. Wer ohne bewusste Entscheidung in eine Entwicklung hineinstolpert, die ihn immer mehr aus seiner privaten Bindung löst und oft ein Einkommen ohne besondere Anstrengung erzielen lässt, wird einen Lebensweg ohne herausragende Anstrengung, ohne intensive Erlebnisse beschreiten. Montesquieu hat den Untergang Roms vor allem dadurch erklärt, dass die Römer vom Staat ein anstrengungsloses Einkommen und lebenslängliche Sicherung erwarteten, sie deshalb die Sicherheit in ihren Familien vernachlässigten. Die Stärke des freiheitlichen Staates liegt auch in der Gebundenheit der Freiheitsberechtigten in ihren Familien und im Erfolg individueller Erwerbsanstrengungen.

5. Das Parlament als Mitte einer repräsentativen Demokratie

Die Freiheit des Einzelnen sichert nicht nur das Recht auf Freiheit in der Begegnung und Auseinandersetzung mit anderen Menschen, sondern auch den selbstbestimmten Einfluss auf den Staat. Die Brücke zwischen individueller Freiheit und Staatsgewalt schlägt insoweit das Demokratieprinzip. Demokratie meint Herrschaft durch das Volk und für das Volk, anerkennt selbstverständlich, dass in einer Rechtsgemeinschaft nicht jeder in eigener Sache selbst entscheiden kann. Friedensgemeinschaft und Recht entstehen erst, wenn Selbstbestimmung sich in eine vorgegebene Ordnung einbettet. Würden die Autofahrer bei jeder Begegnung mit dem entgegenkommenden Fahrer auf eine individuelle Verständigung angewiesen sein, wer nach rechts und wer nach links ausweicht, würde aus der Bewegungsfreiheit Stau und Stillstand. Erst wenn eine Straßenverkehrsordnung regelt, dass rechts gefahren und links überholt wird, dass Straßen im Gemeingebrauch für jedermann gebaut und finanziert werden, dass alle Fahrzeuge allgemeinen Sicherheitsstandards entsprechen müssen, ereignet sich die Bewegungsfreiheit des Einzelnen in der Sicherheit und Leichtigkeit des allgemeinen Straßenverkehrs. Wenn die Unterscheidung zwischen Mein und Dein in einer klaren Eigentumsordnung vorgegeben, die Berufsfreiheit in Berufsbildern und deren Qualifikationserfordernissen vorgezeichnet, die Gründung von Ehe, Familie oder Unternehmen in erprobten Rechtsinstituten erleichtert, die Rechtsbeziehungen zwischen Bürger und Staat in einem Wahlrecht, einem Steuerrecht und einem Polizeirecht definiert sind, erst dann ermöglicht das Recht Freiheit. In dieser Freiheitsvorsorge braucht es auch Definitionen, Schranken.

Freiheit im demokratischen Staat wehrt also nicht staatliche Entscheidungsautorität und den Geltungsanspruch des staatlichen Rechts ab, sondern fordert die Staatsgewalt als Quelle und Garanten der Freiheitsordnung. Diese Aufgabe kann der Staat nicht in Volksversammlungen und Volksabstimmungen erfüllen, weil dort die Mehrheit bestimmt, der Mehrheitsentscheid also die Minderheit unterwirft. Der freiheitliche Staat muss aber den Einzelnen in seinen Grundrechten auch gegen die Mehrheit schützen. Außerdem können sich Entscheidungssachverstand, Gemeinwohlfähigkeit in Distanz zur eigenen Sache, autoritative Konfliktschlichtung und eine die Individualanliegen übergreifende Gesamtordnung nur entfalten, wenn das Staatsvolk im Parlament repräsentiert wird, der Repräsentant dann aber für das Volk entscheidet. Die freiheitliche Demokratie zielt deshalb auf eine Staatsgewalt des Staatsvolkes, die in der Wahl der Volksrepräsentanten, weniger in Abstimmungen über Sachfragen ausgeübt wird.

Aufgabe des Parlaments ist es vor allem, eine widerspruchsfreie, in sich stimmige Gesamtrechtsordnung nach den Prinzipien von Freiheit, Demokratie, Sozialstaatlichkeit und Republik zu entwickeln. Für den einzelnen Bürger bieten die Teilrechtsordnungen eine wesentliche Freiheitsgrundlage, weil sie dem Freiheitsberechtigten die Sicherheit geben, in dem ihm vertrauten Sonderrecht einen abschließenden Maßstab zu finden. Wenn der Straßenverkehrsteilnehmer die Straßenverkehrsordnung, der Lehrer das Schulrecht, der Gewerbetreibende das Gewerberecht beachtet, wissen sie sich für den jeweiligen Lebensbereich auf der sicheren Seite des Rechts. Müssten sie alle Fragen der Gesamtrechtsordnung bedenken, etwa die Umweltverträglichkeit der von ihnen genutzten, zugelassenen Instrumente selbst prüfen, die Folgewirkungen ihres Verhaltens für den Arbeitsmarkt persönlich verantworten, die Unbedenklichkeit des von ihnen genutzten Rechts im Rahmen der Europäischen Union selbst prüfen, so würde die Vielfalt der rechtlichen Aufgaben und Perspektiven entmutigen, teilweise sogar freiheitliche Initiativen gänzlich ersticken.

Das Parlament hingegen trifft die Verantwortlichkeit für den inneren Zusammenhalt der Rechtsordnung, den schonenden Ausgleich gegenläufiger Interessen, für die Abstimmung individueller Freiheitsanliegen und gemeinschaftlicher Verantwortlichkeit. Das Parlament braucht dabei die Entscheidungskraft, auch gegen Einzel- und Gruppeninteressen zu entscheiden, ebenso individuelle Freiheitsrechte gegen eine Mehrheit zur Wirkung zu bringen. Es muss die innere Souveränität und Unbefangenheit für das allgemeindienliche Recht bewahren, obwohl es oft eher Gruppen und Verbänden und weniger Repräsentanten der Allgemeinheit als Gesprächspartner begegnet. Deshalb behält die Verfassung die wesentlichen Entscheidungen dem Parlament vor. Die Demokratie findet ihre Entscheidungsmitte in diesen unmittelbar gewählten Repräsentanten des Staatsvolkes. Die regelmäßige Neuwahl des Parlaments hält die parlamentarische Demokratie erneuerungsfähig, wie das Prinzip der Freiheit die Gesellschaft für die Entwicklung zum Besseren offen hält.

Allerdings ist dieser demokratische Staat von einer Entwicklung zur Entparlamentarisierung bedroht. Viele Entscheidungen des Parlaments werden in außerparlamentarischen Arbeitskreisen, in Koalitionsvereinbarungen, Parteizirkeln oder an der „Basis" einer Parteiversammlung getroffen. Die Gesetzgebungsdebatte verlagert sich vom Parlament in die Fernsehstudios, richtet sich weniger an den Abgeordneten als an das Publikum, verharrt in der Allgemeinheit des Wünschbaren und Beifallträchtigen und verfehlt die Bestimmtheit und Rationalität einer Gesetzesdebatte. Ein Teil der Entscheidungen wird der Wissenschaft auch dann zugewiesen, wenn sie nicht Erkenntnis, sondern Willenskraft fordern. Das verfassungsrechtliche Modell der Bundesbank und der Europäischen Zentralbank, die als Sachverständigengremien zum Schutz der Geldwertstabilität gegen parlamentarischen Einfluss abgeschirmt werden, hat sich in der Geldpolitik bewährt, darf aber nicht verallgemeinert werden. Wer die Entscheidung über die Abgeordnetendiäten, die Parteienfinanzierung, die Rundfunkgebühren oder eine Rentenerhöhung nicht mehr dem Parlament zutraut, weil es nicht hinreichend Unbefangenheit und

Distanz zum Thema habe, verkennt Aufgaben und Legitimation des Parlaments. Im Parlament regiert sich das Volk selbst, entscheidet in eigener Sache, handelt im Zusammenhalt einer Kulturgemeinschaft, die für sich Recht setzt und durchsetzt. Diese Entscheidungen sind keine Entscheidungen des Richters, der in Distanz zum Sachverhalt und in Unbefangenheit zu den beteiligten Personen Recht spricht. Sie sind Rechtsetzungen, die vom Staatsvolk und damit dem Rechtsbetroffenen getragen und mittelbar verantwortet werden. Die geschlossene Werteordnung des Mittelalters sprach dem Herrscher auch bei der Rechtsetzung die höhere Autorität und bessere Kenntnis des Wissenden zu; er handelte auch bei der Rechtsetzung als Richter. Als dieses Einheitssystem autoritativer Wertung zerbrach und dem Freiheitssystem wich, fielen Wissen und Wollen, Wahrheit und willentliche Entscheidung auseinander. Auch der Wille des Herrschers konnte Willkür sein. Diese Erkenntnis weist den Weg zur parlamentarischen Demokratie, in der sich die Rechtsetzung als Wille und die Rechtsprechung als Erkenntnis rechtfertigen muss.

Jedes Staatshandeln allerdings baut sein Wollen auf Wissen. Ein Politiker, der sich seines starken Willens rühmt und durch gegenläufige Tatsachen nicht beeindrucken lässt, verdient kein Mandat. Wenn derzeit über die langfristige Energieversorgung Deutschlands zu entscheiden, die bedrohliche Umweltbelastung zu bekämpfen, der Dschungel des Steuerrechts zu lichten, das System der sozialen Sicherung in eine nachhaltige Sicherheit zu führen ist, muss das Parlament zunächst die Aufgabe verstehen und die Lösungsmöglichkeiten kennen. Deswegen braucht die Politik das Wissen vor dem Wollen. Die Wissenschaft muss ihre Kenntnisse der Politik geradezu aufdrängen. Die großen Konzeptionen der Gesetzgebung und der politischen Planung entstehen nicht im Parlament, auch nicht immer in den Ministerien, sondern sind vielfach auf wissenschaftliche Entwürfe und Verantwortlichkeiten angewiesen. Deswegen ist das Verhältnis von Politik und Wissenschaft neu zu ordnen: Parlamentarische Anhörungen, zu denen die zu hörenden Wissenschaftler nach Parteiproporz, also nach vermuteter Antwort ausgewählt, also als Begründungshelfer, nicht als Erkenntnishelfer eingesetzt werden sollen, sind demokratiewidrig. Entscheidungen im eigenen Erlebnis- und Erfahrungsbereich des Abgeordneten – über seine Diäten, die Finanzierung der Parteien, die Gebühren im Rundfunk – hat der Abgeordnete in sichtbarer Eigenverantwortlichkeit zu treffen und öffentlich zu verantworten, er darf sich also nicht hinter einem Expertengremium verstecken. Bei der Vereinfachung des Steuerrechts, der langfristigen Sicherung der Rente, der Währungs- und Stabilitätspolitik hingegen ist er auf sachverständigen Rat unerlässlich angewiesen. Wenn gegenwärtig das Parlament teilweise dort, wo es wissen sollte, markant seinen Willen betont, während es dort, wo es wollen sollte, sich hinter fremdem Wissen versteckt, so führt diese Entwicklung in eine strukturbedrohende Krise.

Auch die gesetzliche Zuständigkeitsordnung trägt zur Entparlamentarisierung bei, wenn der Bundesrat in wachsenden Zustimmungserfordernissen immer mehr Vetorechte gewinnt und so die Landesregierungen die Bundesgesetzgebung mitbestimmen. Das Parlament verliert weiter an Gewicht, wenn wichtige Gesetzgebungskompetenzen auf den Europäischen Rat übertragen werden, in dem die Regierungen der Mitgliedstaaten entscheiden und das Europäische Parlament auf Mitentscheidungsrechte verwiesen ist, wenn Nebenhaushalte parlamentsferne Einnahme-, Ausgabe- und Verschuldungsentscheidungen ermöglichen und so eines der klassischen Parlamentsrechte, die Budgethoheit, aushöhlen.

Wenn das Grundgesetz außerdem in vermehrten Staatszielbestimmungen – des Umweltschutzes und des Tierschutzes – der Politik auch Ziele vorgibt, die instrumentale Verfassung sich so in eine finale wandelt, verschiebt sich eine Verantwortlichkeit vom Parlament zum Bundesverfassungsgericht, das insoweit nicht mehr nur über die Instrumente der Politik – Kompetenzen und grundrechtliche Kompetenzausübungsschranken – zu befinden hat, sondern auch die Politikziele wägen und gewichten muss und so ein Stück politischer Gestaltung zu übernehmen hat.

Je mehr die Gesetzgebungsentscheidung auf verschiedene Entscheidungsträger verteilt ist, desto mehr entwickelt sich die Entscheidungsdemokratie zur Verständigungsdemokratie. Unser Wahlrecht der modifizierten Verhältniswahl führt zu Koalitionen, in denen Parteien sich auf die Grundzüge einer Politik verständigen müssen. Die Gesetzgebung durch Bundestag und Bundesrat veranlasst föderale Abstimmungen, die wiederum Kompromisscharakter haben. Ein Einstimmigkeitserfordernis im Europäischen Rat macht den europäischen Gesetzgeber zu einem schwerfälligen, gelegentlich entscheidungsunfähigen Organ, das zudem als Staatenverbund stetig vom Konsens der Mitgliedstaaten getragen werden muss. Faktische Absprachen zwischen Staat und Verbänden über den Inhalt eines Gesetzes oder einer Gesetzesinitiative, die – wie bei der Ausbildungsplatzabgabe – die Wirtschaft zu einer gesetzesersetzenden Verständigung oder – wie beim Arzneimittelgesetz – zu einer Sonderzahlung an den Staat drängen sollen, vermengen Verantwortlichkeiten von Staat und Wirtschaft. Wenn schließlich – wie bei den internationalen Bilanzierungsregeln – private, sachkundige und sachnahe Gremien allgemeine Verhaltensregeln bestimmen und der Gesetzgeber durch bloße Verweisung diese für verbindlich erklärt, so lässt sich das Parlament fast gänzlich aus seiner Gesetzgebungskompetenz verdrängen. Die verfassungsrechtliche Verteilung der Aufgaben zwischen freiheitsverpflichtetem Staat und freiheitsberechtigter Gesellschaft ist – als Ausdruck des Freiheitsprinzips – wieder neu zu bestimmen.

6. Die Garantie der Freiheit durch den Staat

Der Staat findet die Freiheit des Menschen vor. Sie ist Ausdruck seiner Würde als Person und Individuum, wird also nicht rechtlich gewährt, sondern anerkannt. Dennoch wird die Freiheit erst durch den Staat zu einem Freiheitsrecht. Erst das Recht stattet sie mit Verbindlichkeit aus, bettet sie als Individualrecht in die Rechtsgemeinschaft ein und stimmt sie auf die Rechte anderer ab. Freiheit gewinnt durch den Schutz der Staatsorgane Gestaltungskraft und bietet dem Berechtigten die Sicherheit im Recht. Der Befund und die Idee der Freiheit beanspruchen die Autorität des Rechts.

Auch die sachlichen Voraussetzungen der Freiheit werden vielfach vom Staat gewährt. Der Asylberechtigte beansprucht Zugang zur staatlichen Rechtsgemeinschaft und Teilhabe an deren sozialen Mindeststandards. Der sozial Bedürftige findet in der staatlichen Sozialhilfe seine Existenz- und Freiheitsgrundlage. Der Student empfängt in der Studienzulassung zur staatlichen Universität seine reale Freiheitsgrundlage für die Wahl von Ausbildungsstätte und Beruf; wenn die Schulen und Universitäten weitgehend in staatlicher Hand sind, wird aus der Freiheit vom Staat eine Freiheit durch den Staat, aus dem Freiheitsanspruch ein Gleichheitsrecht.

Der Staat stärkt und organisiert auch das rechtliche Fundament eines Vertrauens, auf das sich das freiheitliche Verhalten der Menschen stützt. Er lässt den Autofahrer nur nach einer Führerscheinprüfung zum Straßenverkehr zu, verlangt vom Kfz-Mechaniker in einer berufsqualifizierenden Prüfung den Nachweis handwerklicher Fähigkeiten, erlaubt dem Arzt oder Architekten erst nach Studium und Examina seine Arbeit. Daneben fordert das staatliche Recht Standards der Hygiene, des Verbraucherschutzes, der Qualitätsprüfung, der Verkehrssicherheit, der Fortbildung, des lauteren Wettbewerbs und eines Kartellverbots. Staatliche Finanzhilfen ermöglichen Studium und Firmengründung, erleichtern Familiengründung und Hausbau, erschließen Ansiedlungen und Wirtschaftsstrukturen. In der örtlichen Gemeinschaft schafft die Kommune mit ihrem Recht, ihrer Organisationskraft und ihren Finanzmitteln Lebensbedingungen für die individuelle, familiäre und berufliche Entfaltung. Der Staat formt durch sein Schul- und Hochschulmonopol die Kulturgemeinschaft des Staatsvolkes in einer allgemeinen Mindestqualifikation, in Berufsausübung und Spitzenwissenschaft. So garantiert die Verfassung individuelle Freiheit vom Staat, belässt aber viele Freiheitsvoraussetzungen in der Hand von Gruppen und Gemeinschaften, gibt sie oft auch in staatliche Hand. Freiheit meint Selbstbestimmung in der Gemeinschaft und dank der Gemeinschaft, begründet ein Recht, einen Anspruch im Zusammenwirken von Menschen. Insoweit ist das Freiheitsrecht durch die Gleichheit der Menschen in Freiheit geprägt.

Vor allem aber betrifft die Freiheitsausübung auch andere Menschen und muss deshalb ihnen gegenüber rechtlich definiert werden. Würde man dem Arzt dank seiner Wissenschaftsfreiheit das Menschenexperiment überlassen, dem Atomphysiker für seine Versuche keine Grenzen setzen, der Neugierde des Humangenetikers ohne Begleitung der Rechtsgemeinschaft freien Lauf lassen, so würde der Mensch und damit die Rechtsgemeinschaft existenziell gefährdet. Aber auch die Alltagsfreiheit des Leistungstausches und der Berufsausübung, des Wohnungs- und Straßenbaus, der Wirtschaftsorganisation und Freizeitgestaltung prägen die tatsächlichen Freiheitsbedingungen anderer. Sie enthalten deshalb Aufträge an den freiheitssichernden und freiheitsbegrenzenden Gesetzgeber. Freiheit ist im einzelnen Menschen angelegt, aber auf die Gemeinschaft von Menschen angewiesen.

Auch soweit die Freiheit nicht Herrschaft über andere beansprucht, gefährdet sie vielfach deren Existenz und Freiheit.

Würden die Wissenschaftler heute vor der Frage stehen, ob die Erde eine Scheibe oder eine Kugel ist, und zwei Schiffe zur Verfügung haben, die zur Klärung dieser Frage in See stechen, so würden wir heute ein Schiff vorausschicken, es aber durch ein großes Tau mit dem zweiten, hinterherfahrenden Schiff verbinden, damit das vorausfahrende Schiff beim etwaigen Absturz am Ende der Scheibe Sicherheit und Halt bei seinem Weggefährten fände.

Würde uns heute erstmals die Atomspaltung gelingen, und hätten wir hundert Wissenschaftler, um die Nutzbarkeit dieser Erkenntnis zu erforschen, so würden wir 95 für die naturwissenschaftliche Forschung, fünf aber für die rechtzeitige Entwicklung eines Atomwaffensperrvertrages einsetzen. Der Rechtsgemeinschaft ist an wissenschaftlichem Fortschritt gelegen, sie erwartet dabei aber ein Zusammenwirken aller Wissenschaftsdisziplinen, so dass ein naturwissenschaftlicher, technischer und medizinischer Fortschritt von den ethischen und normativen Wissenschaften begleitet wird.

7. Gemeinschaftlich wahrgenommene Freiheiten

Schließlich garantieren viele Grundrechte die Freiheit zur Gemeinschaft. Das Grundrecht auf Ehe und Familie, auf Versammlung, auf Vereinigungen und Koalitionen, auf Parteien sichert jeweils das Recht, die Freiheit mit anderen gemeinsam auszuüben. Freiheit schützt hier nicht nur das Recht eines Individuums auf Begegnung mit dem anderen, sondern die Bildung von Gemeinschaften. Diese ist bei der Versammlung eher spontan und lose, wenn auch getragen von einem gemeinsamen Ziel; bei der Vereinigung ist sie durch Mitgliedschaft und Zusammenhalt über die Zugehörigkeit einzelner Personen hinaus verstetigt. Arbeitsrechtliche Koalitionen und Parteien erwarten Dauer und Festigkeit zu einem gemeinsamen Zweck und in wechselseitiger Verantwortung. Die Ehe begründet eine Lebensgemeinschaft, die Familie eine Erziehungs-, Beistands- und Unterhaltsgemeinschaft.

Diese Gemeinschaften, vor allem der Ursprung menschlicher Existenz in der Familie und die dort entfaltete Freiheitskraft und Freiheitsfähigkeit, sind Ausgangs- und Zielpunkt der Freiheit: Ausgangspunkt ist das Geborenwerden und Heranwachsen in der Familie. Die Meinungsfreiheit, die Informationsfreiheit und die Medienfreiheit fördern eine Kultur von Begegnung und Gemeinschaftsteilhabe. Schule, Universität und Ausbildungsstätte formen gemeinsames Lernen, Bilden und Ausbilden, Erproben und Qualifizieren. Berufs- und Eigentümerfreiheit führen in Erwerbs- und Produktionsgemeinschaften. Die politischen Grundrechte vermitteln Einfluss auf die staatliche Gemeinschaft und ihre Untergliederungen.

Das Freiheitsrecht braucht die Institutionen des Staates zu seiner Entwicklung und Sicherung: Der Gesetzgeber verdeutlicht und stützt die Freiheitsgarantien. Die staatliche Verwaltung wehrt Gefahren und Störungen für die Freiheit ab. Die Gerichte geben dem Freiheitsberechtigten Waffengleichheit auch gegenüber der Staatsgewalt von Gesetzgeber, Regierung und Verwaltung und setzen das Freiheitsrecht gegen die Staatsgewalt, auch gegen Mehrheitsentscheidungen, und gegenüber Privaten durch.

Freiheitsrechte schützen den Menschen also in seiner Zugehörigkeit zu einer Rechtsgemeinschaft, regeln seinen Status gegenüber anderen Menschen, handeln von menschlichem Begegnen und Zusammenwirken, wenden sich an Staat, Gesellschaft und Individuum, die das Recht zu achten und zu schützen haben. Freiheitsrechte sind die rechtliche Brücke zwischen freien Menschen.

III. Weltanschauliche Neutralität und die Freiheit der Bekenntnisse

Die in der modernen Verfassungsgeschichte erste Individualfreiheit ist die Religionsfreiheit. Die frühen Einwanderer in Amerika sind vor allem der religiösen Bevormundung entflohen und haben deshalb die Garantie der Religionsfreiheit an den Anfang der Verfassung gesetzt. Jeder Staat erfährt, dass die Frage nach Gott, dem Woher und Wohin, dem Ursprung und Ziel menschlicher Existenz für jeden denkenden Menschen wesentlich ist, der Einzelne für sich allein darauf aber keine befriedigende Antwort findet. Deshalb bilden sich Religionsgemeinschaften, die in ihrer Tradition diese Fragen gemeinsam stellen und beantworten, in einem gemeinsamen Sinnverständnis leben, ihre kirchlichen Lehren und sakralen Formen pflegen und verbreiten.

Der freiheitliche Staat selbst darf um der Religionsfreiheit willen diese Fragen nicht stellen und beantworten. Er ist weltanschaulich neutral, garantiert aber die Freiheit der Religionen und Religionsgemeinschaften. Er anerkennt damit, dass Religion für den einzelnen Menschen freiheitserheblich ist und andere als staatliche Institutionen – die Kirchen – auf die religiösen Fragen antworten müssen. Der freiheitsberechtigte Mensch sucht die Sinnfrage nicht allein zu beantworten, sondern stützt sich auf die Kirchen, die sich mit diesen Fragen seit Jahrhunderten auseinandersetzen und Antworten gefunden haben. In dieser Freiheit zu Religion und Kirchlichkeit weist er den Staat in Distanz, erwartet vom Kulturstaat aber rechtliche Garantien, Schutz und Förderung.

Daraus ergibt sich ein Staatskirchenrecht. Dieses ist in den westlichen Staatsverfassungen je nach den historisch unterschiedlich erfahrenen Freiheitsanliegen sehr verschieden: Der

französische Laizismus kämpft vor allem für die Freiheit des
französischen Staates von kirchlichem Einfluss, sucht eine Freiheit des Staates von der Kirche, weil diese den Staat in Frankreich lange bevormundet hat. Das amerikanische Verfassungsrecht sichert in der Tradition der Einwanderer eine Freiheit der
Religion und der Kirchen vom Staat. Andere Staaten wie Großbritannien oder die skandinavischen Staaten kennen noch eine
Staatskirche und zumindest noch eine Identität von Staat und
Kirche in einem obersten Repräsentanten. Das deutsche Staatskirchenrecht anerkennt eine gemeinsame, aber unterschiedliche Verantwortlichkeit von Staat und Kirche für denselben
Menschen, der zugleich Bürger und Kirchenmitglied ist; es regelt deshalb die gute Nachbarschaft zwischen Staat und Kirche.

1. Die geistige Mitte freiheitlichen Denkens

Wir leben heute im Glück des Friedens, des Wohlstandes und
eines Verfassungsstaates, der Freiheit und allgemeine Bildungschancen garantiert. Dennoch können wir dieses Glück nicht
vorbehaltlos genießen. Der Frieden scheint auf den Haltemast
wirtschaftlicher Mächtigkeiten angewiesen. Der Wohlstand
führt uns in Verteilungskämpfe und Besitzstandsstarre, die
uns vom allgemeinen Prosperitäts- und Wirtschaftsaufschwung
abhalten. Die Freiheit ist nicht nur Selbstentfaltung, sondern
auch Vereinsamung, Isolierung, vielleicht Selbstvergessenheit.
Die Bildungschancen drohen durch fehlenden Erziehungsmut
der Eltern und die Schwächen unserer Familien gefährdet zu
sein. Viele Jahrhunderthoffnungen haben sich erfüllt, Träume
sind wahr geworden. Und dennoch empfinden wir teilweise
diese Träume, wenn sie sich verwirklicht haben, als Täuschung,
der wir nur durch Enttäuschung zu entrinnen vermögen. Die
Werte bleiben, sind aber nicht immer als hohes Gut bewusst.

Was den Frieden angeht, sagt Carl Zuckmayer in seinem Buch *Als wär's ein Stück von mir* nach vier Jahren Krieg, dass er nun den Frühling erlebe, morgens aufwache und das Glücksgefühl habe, sicher zu sein, dass nicht auf ihn geschossen werde. Wer von uns hat dieses Glücksgefühl morgens schon einmal beim Aufwachen erlebt? Dieses Glück erfahren wir in unseren Tagen täglich, alltäglich, fast unmerklich. Dennoch sind wir dafür dankbar und entdecken unsere Werte, die wir alltäglich erleben, immer wieder als Auftrag.

Der soziale Rechtsstaat verheddert sich in Versprechungen, die er dann kaum erfüllen kann, er weicht aus in Regulierungswut, in die Behäbigkeit der Bürokratie, in die Finanzprivilegien. Damit verliert unser Recht seine Allgemeinheit, der Finanzstaat seine Neutralität. Wir spüren, dass einem Markt, dessen Prosperität auf dem Prinzip der Gewinnmaximierung beruht, der Gewinne ohne Grenzen zu machen sucht, eine Kultur des Maßes fehlt. Wir wissen, dass eine Gesellschaft ohne Tabu, in der die Menschen auf alles zugreifen, alles betasten wollen, die Unantastbarkeit der Menschenwürde und unserer Werte zu gefährden droht. Wir erleben, dass das Wachstum vor allem das Heranwachsen von Kindern sein müsste, an denen es uns fehlt, und dass, wenn dieses Wachstum fehlt, wir auch das Wirtschaftswachstum nicht erreichen können, weil der Markt dorthin geht, wo die Menschen sind. Wir erfahren, dass es im Politischen menschliche Größe, aber auch Niedertracht geben kann, dass aber dort, wo sich Niederträchtiges ereignet, das ehrliche und warme Wort eines vertrauten Menschen, vielleicht der eigenen Frau, hundert Verdächtigungen und Anfeindungen aufwiegen kann.

Je mehr die Politik, je mehr die wirtschaftliche Werbung die lebensumgreifende Begleitung verspricht, desto weniger erfahren wir die individuelle Freiheit als Wagnis, desto weniger erleben wir, dass der eigene, selbst herbeigeführte Erfolg bedeutsamer ist als der staatlich gewährte, dass der selbst verdiente

Euro mehr wert ist als der staatlich vermittelte. Auch wissen wir, dass die Versprechungen der Politik in einer freiheitlichen Demokratie vom Versprechensempfänger erfüllt werden müssen – als Beitragszahler, als Steuerzahler, als Träger der Umweltlasten, vielleicht auch als Mensch, der im Alter vereinsamen wird. Deswegen hoffen wir, und das aus sehr gutem Grund, dass manches Versprechen sich im Nachhinein als bloßer Versprecher herausstellen möge.

In dieser Phase übersteigerter Erwartungen und Hoffnungen fragen wir nach der Grundorientierung, suchen die geistige Mitte unseres Denkens, die uns zusammenhält, die uns bewusst macht, dass das vielfache Gelingen unserer Träume – die technische Entwicklung, der medizinische Fortschritt, die Verfassung, unter der wir leben dürfen – ein Wert ist, den wir bewahren wollen, wir uns aber anstrengen müssen, in dieser Gesellschaft der wachsenden Anonymität, teilweise auch der Selbstentfremdung, diese unsere Mitte zurückgewinnen. Hier bietet das Christentum die Antwort auf die Sinnfrage des Menschen. Das Christentum brachte zum Zeitpunkt seiner Entstehung Wärme in eine unterkühlte Gesellschaft. Und wir hoffen heute, dass das Christentum für unsere Gesellschaft etwas Ähnliches leisten möge.

Wir brauchen dazu eine Kirche, die vom Dialog lebt und das Dekret mehr in den Hintergrund weist, die nicht Gottesfurcht lehrt, sondern Gottvertrauen und damit eine Gesellschaft des Verstehens, des Austauschens, des Selbstbewusstseins organisiert.

Dieser Wille zum Dialog jedes Menschen mit jedem Menschen, damit auch zum Dialog mit anderen Kulturen, Konfessionen und Religionen stärkt den Willen zur Neuentdeckung, zur Rückbesinnung auf unsere Werte zu einem Gesellschaftsverständnis, nach dem jeder Mensch die gleiche Würde und damit die gleiche Freiheit hat, sich dann in der Wahrnehmung dieser Freiheit von anderen unterscheidet. Wir können nur differenzieren, wenn wir Werte haben, und Freiheit nur gewähren, wenn Maßstäbe uns sagen, dass jeder Mensch sich vom anderen unterscheiden darf. Eine wesentliche Wurzel dieser Werte ist die Religion.

Was kann die Kirche für den Staat leisten? Das Wichtigste, das wir der Kirche verdanken, ist die geistige Fundierung des rechtlichen Axioms unseres Verfassungsstaates: der Würde jedes Menschen. Jeder Mensch, mag er Leistungsträger sein oder Taugenichts, ist in seinem Dasein und seinem Sosein in dieser Rechtsordnung willkommen. Der Mensch ist Ebenbild Gottes, und Gott ist Mensch geworden. Das heißt, in unserem Verständnis ist jeder Mensch ein Ort, in dem Gott eine Heimat finden könnte. Das ist ein wichtiger, ein unverzichtbarer Beitrag zu unserer Rechtsordnung.

Vor allem gibt die Religion uns die Weite des Denkens. Sie bejaht das alltägliche Erlebnis, die Schönheiten von Kunst und Wissenschaft, von Sport und Ökonomie, aber sie stellt die Frage nach dem Ursprung und Ziel der individuellen Existenz und der Welt. Diese Frage bewegt jeden Menschen, der ein denkender Mensch ist, und er sucht sich nicht selbst die Antwort zu geben, sondern empfängt Antworten von Institutionen, den Kirchen, die sich seit 2000 Jahren mit dieser Frage auseinandersetzen.

Sodann mäßigen sich Religion und Vernunft gegenseitig. Wir entscheiden gleichsam in einer inneren Gewaltenteilung unseres Denkens zwischen Vernunft und Religion. Unsere Gesellschaft und unser Staat sind weitgehend vernünftig, auf Rationalität angelegt. Wir wissen aber auch, dass dieses Vernunftvertrauen – denken wir an die Macht des Atoms, an die Genforschung, an die Menschenexperimente – ein Gegengewicht der Mäßigung braucht, genauso wie religiöser Eifer seinerseits ein Maß in der Rationalität findet. Wenn wir eine Gesellschaft ohne Religion und ohne Kirchlichkeit hätten, wären auch Freiheitlichkeit und Demokratie gefährdet. Deswegen müssen wir uns in Staat und Gesellschaft einsetzen, dass wir diese Idee von Würde gemeinsam bewahren, aus der Freiheit und Gleichheit und damit Demokratie folgt. Was kann der Staat für die Kirche leisten? Er kann zunächst die Grundidee der Demokratie verwirklichen, wonach das Staatsvolk die Legalitäts- und Ethosreserve der Demokratie ist. Das Zweite, das dieser Staat gewährleistet, ist die Freiheit. Die Freiheit meint zunächst den Respekt vor dem Vorgefundenen. Ich erinnere mich dabei an meinen Großvater, der Schreinermeister war. Wenn wir den Tannenbaum geschmückt haben, hat er uns gelehrt, dass wir jeden Zweig mit Kerzen und Kugeln schmücken dürfen, aber nur so dicht, dass sie die Tanne nicht hinunterdrücken, sondern der Zweig auch mit dem Schmuck weiterhin nach oben zum Licht streben kann. Mir ist später bewusst geworden, dass dies eine wunderbare Definition der Freiheit ist. Wir können die Lebensbedingungen für jeden einzelnen Menschen verändern, verbessern, veredeln, aber niemals so weit, dass es ihn niederdrückt, sondern so, dass es ihm auch weiterhin das Aufstreben zum Licht erlaubt.

In diesem Rahmen von Demokratie und Freiheit sichert der Staat die individuelle Religionsfreiheit und die institutionelle Kirchenfreiheit. Staat und Kirche sind aufeinander angewiesen, weil sie denselben Menschen, demselben Staats- und Kirchenvolk dienen.

2. Die Bedeutung des Religiösen für den Staat

Wenn der Staat Religion und Kirchlichkeit in privater Hand belässt, sucht er nicht die Distanz eines Unbeteiligten, sondern regelt mit der Autorität seiner Verfassung die Freiheit zu Religion und Kirche. In diesem Freiheitsangebot erwartet er wiederum, dass die Berechtigten dieses Angebot annehmen und die Kultur des Religiösen pflegen, dem Menschen insoweit eine kulturelle Existenzgrundlage sichern, auch soziale Aufgaben in Krankenpflege und Armenfürsorge, Bildung und Erziehung erfüllen.

Auch im Angebot der Religionsfreiheit ist der Staat darauf angewiesen, dass die Freiheitsberechtigten in der Wahrnehmung ihrer Freiheit autonom einen Beitrag zu den Grundlagen des Verfassungsstaates leisten. Deswegen ist es für den Staat erheblich, ob die Kirchen eine Friedensbotschaft verkünden oder zum Krieg auffordern, ob sie das Leben in Ehen und Familien und damit in der Zukunftsfähigkeit pflegen oder zur Vereinzelung einladen, ob sie in Ehrenamt und selbstloser Spende die Hilfe für Bedürftige anregen oder den Eigennutz empfehlen. Gerade die deutsche Geschichte, insbesondere nach der Kirchenspaltung, lehrt, wie schnell kirchliche Konflikte zu Kriegen führen und die Schlichtungsaufgabe des Staates und seiner Vorläufer überfordern können, wie andererseits das Christentum in seiner allen Konfessionen gemeinsamen Lehre von der Würde des Menschen Fundamente für die moderne Friedensordnung eines Rechtsstaates gelegt hat. Deshalb entspricht es besonders der deutschen Rechtserfahrung, dass der Staat die Frage nach der religiösen Wahrheit offen hält, sie der Freiheit der Gesellschaft überlässt, sich dabei aber eine Friedensbotschaft erhofft.

Diese Verfassungserwartung gilt vermehrt für eine Demokratie, die auf das Staatsvolk baut, also auf eine sich ihrer Zusammengehörigkeit bewussten Gemeinschaft von Menschen, die dank einer gemeinsamen Kultur gemeinsame Ziele verfolgen, sich deshalb Organe wählen, die in einem bestimmten Gebiet Recht setzen und durchsetzen, dem öffentlichen Leben eine politische Mitte geben. In diesem Demokratieverständnis, nach dem sich alle Staatsgewalt aus dem Volke legitimiert, bleibt das Volk stets Gerechtigkeitsreserve. Sein Gestaltungswille, sein Ethos, seine Urteilskraft formen den Staat wie die Hand den Handschuh. Die Hand erwartet von diesem Handschuh

Schutz gegen Kälte und Verletzung; deshalb darf er nicht zu eng, aber auch nicht zu weitmaschig gestrickt sein. Ein solches, demokratisches Freiheitskonzept gelingt nur in Hochkulturen, in denen die Menschen dieses Ethos und diese Urteilskraft mitbringen. Diese Kultur empfängt aus dem Christentum wesentliche Impulse, wenn dessen Lehre von der Würde jedes Menschen individuelle Freiheit, gemeinschaftliche Verantwortlichkeit und demokratischen Einfluss fordert, wenn die Erfahrungen mit der Unzulänglichkeit des Menschen seit der Vertreibung aus dem Paradies eine Fehlerprävention durch Gewaltenteilung, Gerichtsschutz und Staatshaftung anregen, wenn die Achtung vor den Gesetzestafeln – dem allgemeinen, auf Dauer verbindlichen Recht – die Stetigkeit und Allgemeinheit des Gesetzes erwartet und diesem Autorität vermittelt, wenn eine Verantwortlichkeit vor Gott die Mächtigen bescheiden, die Gewaltunterworfenen selbstbewusst und damit freiheitsfähig macht.

3. Die säkularisierte Gesellschaft

Die Säkularisierung verselbständigt die Wissenschaft von der Natur und vom Menschen gegenüber der Theologie, unterscheidet Politik und Glaube in Maßstäben und Akteuren, entlastet Theologie und Kirche von Aufgaben und Verantwortlichkeiten, delegitimiert eine bisher religiös begründete Staatsgewalt und ebnet damit den Weg zur Demokratie. Historisch setzte die Säkularisierung in der damaligen europäischen Sicherheit im Religiösen und einer Unsicherheit im Kirchlichen auf die Rationalität auch des öffentlichen und politischen Lebens, nahm dabei fast unbewusst kirchliche Lehren auf, in denen am Anfang der *logos* steht, deren Inhalt und Ziel aber der verantwortliche Mensch ist.

Dem modernen demokratischen Rechtsstaat ist bewusst, dass der Staat niemals reine Vernunftordnung sein wird, dass in ihm vielmehr Interessen aufeinandertreffen, Emotionen menschliches Handeln bestimmen, Ehrgeiz, Machtstreben und Gewinnabsichten das Verhalten lenken, auch List und Niedertracht das Regiment übernehmen können. Selbst wenn die Vernünftigkeit alleinbestimmend wäre, böte sie nach dem Verlust ethischer Gewissheiten keine ausreichenden Verhaltensanweisungen. Viele Fragen – der Vermögensverteilung, der Art und Intensität der Sicherheit, des Ausgleichs zwischen Freiheit und Gleichheit, der Inhalte und Ziele von Erziehung und Bildung, der Zukunftsoffenheit – sind nicht nur Gegenstand des Erkennens, sondern auch des Wollens. Die Mächtigkeit des Menschen in der Atomphysik oder in der Gentechnik verlangt klare Vorstellungen von Gut und Böse. Die Willkür- und Irrtumsanfälligkeit auch demokratischer Mehrheitsentscheidungen macht die Grenzen politischer Vernunft bewusst und führt die Politik von der wissenschaftlichen Wahrheitsfrage zur ethischen Werte- und Sinnfrage. Folgerichtig garantiert die Verfassung die Wissenschaftsfreiheit im Zusammenwirken mit anderen Kulturfreiheiten, insbesondere der Freiheit von Meinungsäußerung, Kunst und Religionsausübung.

Die Verfassung gewährleistet die „ungestörte" Religionsausübung. Diese Gewährleistung erfüllt zunächst der Staat, indem er Störungen unterlässt. Sie kann jedoch auch zum staatlichen Schutz verpflichten, wenn eine Loveparade in Altötting den Platz vor der Wallfahrtskirche beansprucht, die Demonstration der schrillen Geste und der lärmenden Musik also die Konfrontation mit Besinnung und Gebet sucht. Demonstrationsfreiheit und Religionsfreiheit haben beide ihren Platz im Verfassungsstaat, jedoch nicht denselben. Würde man hier die Parade und die Wallfahrt unkoordiniert aufeinander treffen lassen, wäre die Religionsausübung bereits gestört, also verletzt. Deswegen muss der Staat vorbeugend diesen Konflikt vermeiden, die Gefahr für die Grundrechtswahrnehmung abwehren. Dabei braucht die Wallfahrt den Wallfahrtsort, während die Loveparade an einem anderen Ort stattfinden kann.

Immer, wenn Religionsfreiheit sich im Staat ereignet, wird ein schonender Ausgleich zwischen weltanschaulich neutralem Staat und staatsverpflichtender Religionsfreiheit, auch zwischen der Wahrnehmung der Religionsfreiheit durch Gläubige und durch Nichtgläubige erforderlich. Verpflichtet der Staat die Kinder zur Teilnahme am Schulunterricht, übernimmt er die Herrschaft über deren Erziehung und Bildung, prägt damit wesentlich deren Freiheitsfähigkeit und Entscheidungskraft. Dabei dürfen Kinder und Eltern erwarten, dass der Staat die Kinder in die Kultur einführt, in der wir leben und die unser Verfassungsrecht bestimmt. Deshalb wird der Staat seiner schulischen Erziehung die Kultur zugrunde legen, die durch das Christentum und seine durch Humanismus und Aufklärung veranlassten Erprobungen, Verdeutlichungen und Alternativen bestimmt ist. Dabei bleibt außerhalb des Religionsunterrichts die religiöse Frage offen, nicht aber die im Christentum gewachsene Werteordnung von Würde, Freiheit und Demokratie.

In diesem Erziehungsauftrag braucht der Staat die Urteilskraft, gegenüber kirchlichen Lehren zu unterscheiden, ob sie die Verfassung fördern oder gefährden. Freiheit ist gleiche Freiheit im Ausgangspunkt, führt dann aber zu rechtserheblichen Unterscheidungen. Wie die Freiheit zur Ehe jedermann ein gleiches Recht anbietet, die Wahrnehmung dieser Freiheit dann aber in der Bereitschaft zum Kind, der Bindungsfähigkeit und Familienkultur zu Unterschieden führt; wie die Berufs- und Eigentümerfreiheit gleiche Rechte gewährt, die Freiheitsberechtigten dann aber nach Wahrnehmung ihrer Rechte in der Berufsqualifikation, im Einkommens- und Vermögenserfolg Verschiedenes für Gesellschaft, Wirtschaft und Staat leisten; wie die Bewerbung um ein staatliches Amt grundsätzlich allen Deutschen offen steht, die Verfassung aber eine Differenzierung nach Eignung, Befähigung und fachlicher Leistung fordert, so steht auch die Religionsfreiheit jedermann als gleiches Freiheitsrecht offen, verlangt dann aber wiederum die Unterscheidungskraft, welche religiösen Lehren und Verhaltensweisen den Verfassungsstaat stützen und welche ihn stören.

Diese Urteilskraft des Staates muss sich bewähren, wenn eine Frau das Amt einer staatlichen Lehrerin begehrt, sie aber im Unterricht ein Kopftuch tragen will, das ihre Zugehörigkeit zu einer anderen, ihr eigenen Kultur dokumentieren soll. Im allgemeinen gesellschaftlichen Leben ist diese Frau freiheitsberechtigt; sie darf deshalb ihr Kopftuch tragen, mag dieses auch akzentuierte religiöse oder politische Aussagen überbringen. Auch dürfte sie als Studentin an deutschen Universitäten – anders als an vielen türkischen – mit ihrem Kopftuch studieren. Tritt sie hingegen in den Schuldienst ein, ist sie freiheitsverpflichtete Amtsträgerin, entfaltet dort nicht ihre eigenen Freiheiten, sondern dient der Freiheit der Schüler. Deshalb darf und muss der Staat, der jedes Risiko einer Fehlerziehung von den schulpflichtigen Kindern fernzuhalten hat, unterscheiden zwischen der eine Ordenstracht tragenden Ordensschwester, deren Lehren und Erziehungsmethoden seit Jahrhunderten in unserer Kultur erprobt und bewährt sind, und der ein Kopftuch tragenden Frau, deren Lehraussagen und Pädagogik wir uns nicht in gleicher Weise sicher sind. Diese Beurteilung zwingt den Staat nicht, diese Frau vom Schuldienst auszuschließen, behauptet schon gar nicht deren Dialog- oder Demokratieunfähigkeit. Die Geste des Kopftuches kann den Staat aber hindern, derzeit mit hinreichender Sicherheit festzustellen, dass diese Bewerberin seinen Erwartungen nach guter Erziehung und Ausbildung hinreichend verlässlich genügen wird. Dabei mag der Staat auch erwägen, welche Formen ersichtlicher Selbstbindung uns bei Lehrern vertraut oder fremd sind.

Auch der religiös und weltanschaulich neutrale Staat

braucht also Beurteilungs- und Entscheidungskraft, wenn Religion und Weltanschauung in den staatlichen Bereich hineinwirken. Er muss bestimmen, welche kirchlichen Schulen zulässig sind und welche staatlich gefördert werden sollen. Er hat zu verantworten, ob in staatlichen Schulen ein Kruzifix aufgehängt und ein Schulgebet angeboten wird. Er hat die staatliche Schwangerschaftskonfliktberatung mit Rücksicht auf kirchliche Eigenheiten zu organisieren, in einem eigenen kirchlichen Arbeitsrecht die Besonderheit des kirchlichen Dienstes für Arbeitnehmer der Kirchen anzuerkennen, den Status einer Körperschaft des öffentlichen Rechts den Kirchen vorzubehalten, die mit ihren Lehren und Einflussnahmen seiner Verfassung nicht zuwiderlaufen. Säkularisierung bedeutet nicht Belanglosigkeit des Religiösen und Kirchlichen, nicht Indifferenz des Staates gegenüber Religion und Kirche, auch nicht ein Zurückdrängen des Religiösen in den staatsdistanzierten privaten Bereich. Die heutige Unsicherheit gegenüber Kirche und Religionen drängt den Staat vielmehr in die Aufgabe, Verfassung und Rechtswirklichkeit nicht zum Spielball religiöser Auseinandersetzungen werden zu lassen, sondern die Wertungsmitte von Staat und Gesellschaft in Menschenwürde, Freiheit, Gleichheit und Demokratie zu bewahren.

4. Die strukturelle Offenheit der Staatsverfassung

Als Deutschland Anfang des 19. Jahrhunderts zu Freiheit und Demokratie aufgebrochen war, sammelten sich alle gesellschaftlichen, religiösen und kirchlichen Kräfte, um den neuen Verfassungsstaat zu gründen. Joseph von Eichendorff stellte deshalb im Umfeld des Hambacher Festes (1832) fest: „Keine Verfassung garantiert sich selbst." Sie baut auf die Freiheitsbereitschaft und die Demokratiewilligkeit der Menschen, ist auf die Mitgestaltung und kontinuierliche Legitimation durch die Bürger angewiesen, wirkt in und durch Familien, Vereinigungen und politischen Gruppen. Der freiheitliche Staat ist konstitutiv offen und insbesondere darauf angelegt, dass ihm die ethischen Voraussetzungen von außen zukommen. Die säkularisierte Gesellschaft lebt von religiösen Voraussetzungen, die sie selbst nicht gewährleistet, die sie deshalb von anderen Maßstabgebern und Legitimationsspendern – den Kirchen – erwartet. Die Einsicht, dass der freie Verfassungsstaat von Voraussetzungen lebe, die er selbst nicht erzwingen könne, ist vielfach als bequeme Entlastungsformel genutzt worden. Der Staat brauche sich – so ist gesagt worden – nicht um Ethos und Moral zu kümmern, er habe allein das vom Willen des Parlaments bestimmte Gesetz mit Autorität zu versehen. Die Demokratie brauche nicht den inneren Zusammenhalt in Kultur und Religion, sie finde ihren Halt vielmehr in der Gemeinsamkeit des Erwerbsstrebens und des Marktes. Die Elementarwertungen des Verfassungsstaates müssten nicht in ihren historischen Ursprüngen und aktuellen Geltungsbedingungen kultiviert werden, seien vielmehr um der Freiheit willen der Neubestimmung durch die Bürger der Gegenwart ausgeliefert. Diese staatspolitische Grundauffassung drängt den Staat in die Indifferenz und den Fatalismus, liefert die Verfassung der Beliebigkeit von Trends und kurzfristiger Einsicht aus, verzichtet letztlich auf Normativität und Gestaltungsanspruch des Grundgesetzes als Gedächtnis der Demokratie, das erprobte Werte, bewährte Institutionen und politische Erfahrungen rechtsverbindlich an die Zukunft weitergeben will.

Der Verfassungsstaat jedoch unterbreitet den Menschen ein Freiheitsangebot in der Sicherheit, dass das Fundament der Freiheit auf Dauer erhalten bleibt. Er hat als Garant der Freiheit die Verfassungsvoraussetzungen zu pflegen und zu fördern. Die Garantie des stetigen Freiheitsangebotes begründet eine staatliche Aufgabe, die selbstverständlich freiheitskonform zu erfüllen ist. Die Freiheitsverpflichtung drängt den Staat deshalb in eine Garantenstellung für das Freiheitsrecht und seine Voraussetzungen, verpflichtet ihn aber zugleich auf die Handlungsmittel des Anregens, Förderns und Erschließens, der organisatorischen und rechtlichen Hilfe; Befehl und Zwang sind insoweit ausgeschlossen.

Dieser anspruchsvolle Auftrag führt in eine umfassende Freiheitsverantwortlichkeit, nicht eine Gegenläufigkeit. Der Staat darf den Armen nicht in Freiheit verhungern lassen, muss ihm vielmehr in der Sozialhilfe das freiheitsnotwendige Existenzminimum sichern, darf dabei aber selbstverständlich nicht die Zwangsbekleidung und Zwangsernährung wählen, sondern muss dem Freiheitsberechtigten grundsätzlich eine ausreichende Summe Geldes anbieten, die eine selbstbestimmte Definition des individuellen Bedarfs und seiner Befriedigung erlaubt. Im Bildungswesen überlässt der Staat dem Menschen nicht die Freiheit zum Analphabetismus, fordert vielmehr die individuelle Anstrengung zu einer Mindestkulturfähigkeit, hat dabei aber das staatliche Schul- und Hochschulangebot so aufzufächern, dass die Pflicht zu Schule und Berufsqualifikation in einer Vielfalt an Alternativen erfüllt werden kann. Im freiheitssensiblen Bereich von Kunst, Wissenschaft und Religion bekräftigt das Gemeinnützigkeitsrecht den Förderungsauftrag des Staates, verpflichtet ihn aber, blind der Förderentscheidung privater Spender und Sponsoren zu folgen, also staatliche Mittel für gesetzlich definierte Kulturbereiche einzusetzen, die Empfänger dieser Förderung aber durch die Freiheitsberechtigten bestimmen zu lassen. Dieses Gemeinnützigkeitsrecht führt im Ergebnis dazu, dass die staatlichen Fördergelder für Kirchen im wesentlichen die christlichen Kirchen erreichen, weil die Menschen in Deutschland diese Kirchen und nicht andere unterstützen wollen.

Dieses Freiheitskonzept richtet auch Erwartungen an Religionen und Kirchen. Zwar wird sich kein Pfarrer und kein Bischof in den Dienst einer politischen Partei oder eines politischen Regierungsprogramms stellen, wohl aber für Menschenrechte, Demokratie und soziale Zugehörigkeit streiten, also parallele Ziele wie der Rechts- und Sozialstaat verfolgen. Die Kirchen werden den Menschen nicht nur als starken, selbstbewussten und gestaltungsfreudigen Freiheitsberechtigten sehen, sondern ihn auch in seiner Schwäche – als Kind, Jugendlichen, Kranken, Arbeitslosen oder Gebrechlichen – begleiten, ihm dabei in der Unterscheidung kirchlicher Dienste und verschiedener Kirchen vielfältigere und persönlichere Betreuungs- und Hilfsalternativen anbieten können, als es dem weltanschaulich neutralen Staat möglich ist. Der Verfassungsstaat sieht den Menschen vor allem als autonomes, zur Freiheit fähiges Rechtssubjekt. Die Kirchen ergänzen dieses Menschenbild mit der Erfahrung, dass die Hilfsbedürftigkeit des Menschen ebenfalls Realität ist und dass der Mensch deshalb auf Erziehung und Ausbildung, Beistand und Unterhalt, Ermutigung und Trost durch andere angewiesen bleibt. Der Sozialstaat, der diese Leistung oft nicht erbringen will oder darf, findet in der Caritas und der Diakonie der Kirchen Angebote von Freiheitsvoraussetzungen, die den Staat entlasten und die tatsächlichen Freiheitsgrundlagen mehren. Insoweit ist der Staat Garant der Freiheitsvoraussetzungen, die er aber meist nicht eigenhändig schaffen will und schaffen darf.

5. Kirchliche Lehren als Wirkungsbedingungen für den freiheitlichen Staat

Die Religion ist eine der wesentlichen Voraussetzungen für das Entstehen, die Wirkung und die Wahrnehmung von Staatsverfassung und Grundrechten. Das Grundgesetz geht von einem zur Würde und damit zur Freiheit befähigten Menschen aus, dem als Person Rechte und Pflichten zugesprochen werden und der zur freien Entfaltung seiner Persönlichkeit berechtigt ist. Damit nimmt die Verfassung die revolutionäre Aussage des Christentums auf, jeder Mensch habe eine unantastbare Würde, besitze eine innere Berufung und Fähigkeit zur Freiheit, sei zur Sittlichkeit begabt und zum verantwortlichen Handeln befähigt. Der zentrale Wert der Würde demokratisiert und egalisiert Rang und Anerkennung des Menschen, widerspricht jeder Ausgrenzung, Entfremdung und Diskriminierung von Menschen, kämpft gegen Sklaverei und Unterdrückung, stellt in der Menschenwürde Mann und Frau gleich, wehrt jeden Statusunterschied wegen Abstammung, Rasse, Sprache, Heimat und Herkunft, Glauben und individueller Lebenssicht ab. Die kirchliche Lehre von der Gottespräsenz in jedem Menschen hat die Kraft, historisch gewachsene Bevorzugungen und Benachteiligungen einzelner Menschengruppen zu überwinden und die Gleichheit in Freiheit zur Basisnorm des Staates zu machen.

Die urchristliche Lehre vom Menschen als Ebenbild Gottes ist zwar nicht gradlinig über zweitausend Jahre in die Gegenwart hineingetragen worden. Vielmehr hat die Religion jahrhundertelang dazu gedient, die Herrschaft einzelner Menschen, einzelner Familien oder Gruppen zu begründen und zu festigen, eine Herrschaft von Gottes Gnaden anzuerkennen, Statusunterschiede zwischen Jude und Grieche, Sklave und Freiem, Frau und Mann hinzunehmen. Dennoch hat die christliche Lehre insbesondere in ihrer Fortführung durch Humanismus und Aufklärung die Idee der verantwortlichen Freiheit in die Gegenwart getragen. Heute ist diese Religion eine aktuelle Wirkungsgrundlage für die freiheitliche Demokratie, vermittelt ihr gelebte Anerkennung, fördert die grundsätzliche Bereitschaft der Menschen zum Recht, ihre Kraft zur Freiheit, ihre Fähigkeit zum Frieden. Damit wird die Religion zugleich zur Wahrnehmungsvoraussetzung für Freiheitsrechte.

Deswegen ist es für den Staat erheblich, ob die Kirchen eine Kultur des Maßes oder Fanatismus lehren, ob sie individuelle und gemeinschaftliche Friedlichkeit fordern oder aber zu Streit und Kampf aufrufen, für Ehe und Familie werben oder auch andere Lebensformen unterstützen, ob sie für eine im Kind vitale Gesellschaft eintreten oder ihr Sterben im ausschließlichen Erwerbsstreben hinnehmen, ob sie eine sonntägliche Besinnung und Besonnenheit pflegen oder jeden Tag dem Erwerb widmen, ob sie Berufsfreiheit und Eigentümerfreiheit als Verantwortlichkeiten definieren oder auch die anonyme Macht von Kapitalfonds und immer mehr entindividualisierten Kapitelgesellschaften hinnehmen. Für die Universitäten ist es wesentlich, ob ihre Fakultäten sich mehr auf Einzelwissenschaften spezialisieren oder ob sie von Theologen mit ganzheitlichen Denk- und Handlungskonzepten vertraut gemacht werden, die Machbares mit Wünschenswertem, Nützliches mit Gutem vergleichen.

Wenn der Staat heute weitgehend zu informalem Handeln neigt und den Formenbindungen von Verfahren, Zuständigkeiten und Verantwortlichkeiten zu entfliehen sucht, werden die Kirchen die Kraft der Form – ihres Kanon und ihrer Riten – wieder bewusst machen und an das Bedürfnis der Menschen erinnern, wesentliche Ereignisse – die Taufe, die Eheschließung, das Begräbnis – in einer festen Formenbindung zu erleben. Eine staatenübergreifende Kirche wird die Verbindungslinie zwischen Grund- und Menschenrechten wach halten und die Grundlehre der Menschenrechte – in ihrer Aussage unveränderlich – in konkrete Regionen und Rechtssysteme hineintragen. Der eine Staat wird den Frieden vor allem durch weltweite Verknüpfung seiner Wirtschaft, der andere durch Verteidigungskraft zu sichern suchen. Eine Region schützt den Menschen durch Agrarwirtschaft vor dem Verhungern, die andere durch eine hochentwickelte Industriegesellschaft. Eine Gesellschaft erkämpft Bildungsfortschritte noch elementar durch Begründung einer allgemeinen Schulpflicht, die andere schon durch Neugründung von Universitäten und Technologiezentren. Menschenrechte wirken in allen diesen Systemen in gleicher Zielsetzung, werden dort aber in jeweils verschiedener Weise als Grundrechte ausgeformt und in das rechtliche Umfeld eingebettet. Die Menschenwürde verlangt so die Statusgleichheit jedes Menschen in der jeweiligen Kultur-, Wirtschafts- und Rechtsordnung.

Selbstverständlich besitzt der Mensch auch unabhängig von einer Religion die Fähigkeit zur Freiheit und Verantwortlichkeit. Quelle seiner Freiheitskraft sind ebenfalls die Familie, der Sport mit seinen Fairnessgeboten, Vereinigungen in ihrer Widmung für Gemeinnutz und Selbstlosigkeit, die Schulen und Universitäten in ihrem Bildungsauftrag. Dieses Denken zur verantwortlichen Freiheit nimmt viele Lebenseinsichten und Verhaltensempfehlungen des Christentums auf. Menschenwürde und Menschenrechte mögen auch allein aus einem Nützlichkeitsdenken begründet werden: Der Mensch tötet und verletzt den anderen nicht, damit er nicht selbst Angriffen ausgesetzt wird. Dieses Denken allerdings greift zu kurz, wenn ein Mensch den anderen deutlich beherrscht, wenn er als Politiker über seinen Asylanspruch entscheidet, als Arzt auf Gesundheit und Leben einwirken kann, als Lehrer das Wissen und Empfinden der Schüler prägt, als Richter über den anderen ein Urteil spricht. Die Religion lehrt hier Humanität und Gemeinwohlverpflichtung durch eine Idee des Menschen, ein Menschenbild, ohne nach dem Eigennutz zu fragen. Diese Lehre von Humanität und Humanismus hat sich heute zu einem Allgemeinanspruch freiheitlicher Verfassungsstaaten und damit auch zu einem Fundament der Religionsfreiheit entwickelt, bewahrt sich aber auch in diesem Erfolg in der Religion eine Geltungs- und Erneuerungsquelle.

6. Religion als geistige Weite zur Transzendenz

Religion sichert damit vor allem die geistige Weite. Wer nach dem Ursprung und Ziel der Welt fragt, den Sinn seines Lebens zu ergründen sucht, über das Entstehen des menschlichen Lebens und ein Leben nach dem Tod nachdenkt, entflieht der geistigen Enge des Gegenwärtigen, beschränkt seine Lebenssicht nicht ausschließlich auf die Erfordernisse des Ökonomischen, die Gestaltungsmöglichkeiten der Politik oder den schönen Genuss des Augenblicks. Die Frage nach Gott bestimmt den Standort der eigenen Person in einem Kosmos, der den eigenen Bedürfnissen, Denkmöglichkeiten und Hoffnungen die Ausschließlichkeit nimmt. Die Weite zur Transzendenz schützt vor der intellektuellen Bedrängnis allein durch Gegenwärtiges, Eigennütziges, Plan- und Voraussehbares.

Das Grundgesetz baut auf dieses religiöse Prinzip moralischer Verantwortlichkeit und geistiger Weite. Das Staatsvolk hat diese Verfassung, wie es in der Präambel heißt, „im Bewusstsein seiner Verantwortung vor Gott und den Menschen" beschlossen und in Kraft gesetzt. Diese Verantwortung vor Gott soll die politisch Mächtigen bescheiden machen, weil sie sich auch dann beobachtet wissen, wenn kein Mensch zuschaut, sie sich auch dann zu verantworten haben, wenn kein Mensch Rechenschaft fordert. Sie soll sie veranlassen, sich immer wieder ihrer Ziele und ihres Handelns zu vergewissern, auch wenn diese gegenwärtig selbstverständlich und einsichtig scheinen.

Die Demokratie verwirklicht das Prinzip der Selbstbestimmung. Der Bürger entscheidet als Mitglied des demokratischen Volkes in eigener Sache; er gibt in dieser Selbstgesetzgebung staatlicher Macht und Hoheit Ziel und Maß. Wenn diese Demokratie sich in Verantwortung vor Gott weiß, ergänzt sie die Selbstbestimmung durch eine Fremdbestimmung. Politisches Handeln wird nicht nur an seinem Nutzen für die Wähler gemessen, die Verantwortlichkeit wird vielmehr auch auf den Fremden, den Asylsuchenden, die nächste Generation erstreckt. Der hoheitsgebundene Mensch gewinnt in diesem Bewusstsein einer Verantwortung vor Gott Selbstsicherheit und Bürgerstolz. Er ist nicht einer Staatsgewalt unterworfen, sondern steht in einer gleichen Verantwortlichkeit wie die Mächtigen, kann in dieser Gemeinsamkeit von Rechten und Pflichten seine Würde und seine Freiheit stetig behaupten.

Ein Amtsträger leistet bei seinem Amtsantritt einen Amtseid, dem er die religiöse Beteuerung „so wahr mir Gott helfe" hinzufügt, wenn dieser Zusatz seiner Wahrnehmung von Religionsfreiheit entspricht. Damit betont er bei Beginn seines Amtes nochmals, dass er das Amt nicht allein aus eigener Kraft erfüllen kann, zur eigenen Leistung vielmehr eine Hilfe hinzutreten muss.

Diese Verantwortung vor Gott ist auch in vielen Landesverfassungen ausdrückliche Grundlage für die Verfassunggebung durch das Staatsvolk. Diese Verfassungen anerkennen die Frage nach Gott, nehmen die Verantwortlichkeit vor Gott in die Rechtsordnung auf. Diese Präambel gibt der gesamten Verfassung einen Geltungsgrund und einen Grundlagengedanken. Das demokratisch beschlossene geschriebene – positive – Recht erinnert an eine es selbst übergreifende Verantwortlichkeit.

Der Entwurf eines Europäischen Verfassungsvertrages hatte nicht die Kraft, diese Verantwortlichkeit vor Gott in den Vertragstext aufzunehmen. Die Übereinkunft schöpft „aus den kulturellen, religiösen und humanistischen Überlieferungen Europas, deren Werte in seinem Erbe weiter lebendig sind und die zentrale Stellung des Menschen und die Unverletzlichkeit und Unveräußerlichkeit seiner Rechte sowie den Vorrang des Rechts in der Gesellschaft verankert haben". Die Überlieferung auch als christliche zu bezeichnen, fand sich der Konvent vor allem unter dem Einfluss Frankreichs und seiner Tradition einer Freiheit des Staates von der Kirche nicht bereit, obwohl der christliche Ursprung

Europas eine historische Tatsache ist und als gewachsene Wirklichkeit nicht neu legitimiert werden muss. Insofern wird die kulturelle und religiöse Überlieferung zumindest ungenau angedeutet, solange das Christentum verschwiegen wird. Gerade weil sich Europa „auf der Suche nach seiner Seele" (Jacques Delors) befindet, die Europäische Union mehr als ihre Mitgliedstaaten eine konkrete geistig-kulturelle Mitte braucht, die Europäische Wirtschaftsgemeinschaft im Übergang zur politischen Wertegemeinschaft auch auf gefestigte europäische Menschenbilder und Vorbilder angewiesen ist, bleibt der Entschluss des Konvents, in der Präambel die Voraussetzungen und Wirkungsbedingungen des Verfassungsvertrages zu nennen, in der Ausführung blass und aussageschwach. Die Weiterentwicklung des Verfassungsvertrages hält aber die Chance offen, das Christentum als Fundament einer europäischen Kultur- und Wertegemeinschaft noch in den Vertragstext aufzunehmen.

Die geistige Weite zur Transzendenz bewahrt vor allem vor einer Überschätzung des Rechts, das den Zusammenhalt einer Rechtsgemeinschaft und den inneren Frieden allein nicht gewährleisten kann. Gerade eine freiheitliche Verfassung stützt sich zwar auf staatlich bereitgestellte und gefestigte Institutionen, Maßstäbe und Verfahren, braucht aber auch die Wegweisung von Ethos und Moral, die der weltanschaulich neutrale Staat nicht anzubieten vermag. Gute Gewohnheit, Handelsbrauch, Treu und Glauben, Ortsüblichkeit, Observanz, die Vorstellungen „aller billig und gerecht Denkenden" und der polizeirechtliche Maßstab der ungeschriebenen „öffentlichen Ordnung" verweisen auf gesellschaftliche Entstehens- und Erkenntnisquellen für Verhaltensmaßstäbe, die außerhalb des positiven Rechts verbleiben, aber ähnliche Verbindlichkeitswirkungen entfalten. Müssten alle Anforderungen von Anstand, Rücksichtnahme, Selbstlosigkeit und Gemeinschaftsverantwortlichkeit im Gesetz begründet werden, entstünden Kodizes von einem Umfang, dass niemand sie lesen, geschweige denn beachten könnte. Der freiheitliche Staat beweist seine Freiheitlichkeit insbesondere in einem Regelungsverzicht, überlässt Verhaltensmaßstäbe individueller Verantwortlichkeit und damit auch kulturell geprägter Lebenssicht und Lebenserfahrung.

Die Verfassung sichert somit jedem Menschen die Glaubensfreiheit, schützt also seine Gottesvorstellung, seine metaphysisch fundierte Welt- und Lebenssicht, eröffnet ihm für die gemeinsame Religionsausübung Zugang und Teilnahme an den Lehren und Lebensformen seiner Religionsgemeinschaft, garantiert dem Menschen aber auch in der negativen Religionsfreiheit das Recht, keinen Glauben zu haben, religiöse und weltanschauliche Fragen für unerheblich zu erachten und aus dem eigenen Leben auszuklammern. Diese menschen- und grundrechtliche Garantie der Glaubens- und Religionsfreiheit verbietet dem Staat, dem Bürger Glauben und Religion vorzugeben, hindert aber das demokratische Staatsvolk nicht, die Weite seines Denkens im Religiösen auch seiner Verfassunggebung zugrunde zu legen, dieses im Verfassungstext auszudrücken und damit als Orientierungs- und Auslegungshilfe für seine Grundrechtsgarantien und Institutionen zu benennen. Gerade der Staat, dessen Rechte und Handlungsweisen auch auf die kulturellen Freiheiten der Kunst, der Wissenschaft und der Religion angelegt sind, stärkt die Grundlagen von Freiheit und Demokratie, wenn er diese Verfassungsprinzipien in ihren Voraussetzungen bewusst macht und festigt.

7. Staatliche Entfaltungshilfen für Religion und Kirche

Die staatliche Garantie der Religionsfreiheit wird in der Schule zu einem konkreten Handlungsauftrag. Die staatliche Schule führt die Kinder in den Raum unserer Kultur, vermittelt ihnen Sprache, Mathematik, Musik und Computerwissen und macht die jungen Menschen dadurch grundrechtsfähig. Bei dieser Ausbildung und Erziehung ist es selbstverständlich, dass die Kinder Schreiben, Lesen und Verständnis für Dichtung in deutscher Sprache lernen, weil diese Sprache für die Verständigung und Kultur in Deutschland prägend ist. In der Mathematik werden sie mit den Zahlen und Rechenarten vertraut gemacht, die unserer Wirtschaft und Technik zugrunde liegen. Im Musikunterricht begegnen die Schüler den Komponisten und Instrumenten, die unsere Musik in Geschichte und Gegenwart bestimmen. Der Unterricht am Computer bereitet sie auf die Techniken und Instrumentarien vor, die hier gebräuchlich sind und angeboten werden. Die Schule vermittelt Fähigkeiten, Fertigkeiten und Einsichten, die in unserer Kultur gewachsen sind, gelebt werden und unsere Zukunft aus unserer Tradition bestimmen.

Gleiches gilt für die Religion. Wenn der Staat eine Grundbildung und Grunderziehung in den Schulen vermittelt, darf er den Lebensbereich des Religiösen nicht ausnehmen und dabei die eigene Kultur des Christlichen nicht vernachlässigen. Dennoch scheinen wir gegenwärtig ängstlich, die Kinder auch in den Raum der Religionskultur hineinzulassen. Sie sollen im Vorhof dieses Raumes verbleiben, um in ihrem Denken und Handeln nicht religiös und christlich geprägt zu werden. Damit verharrten sie bewusst in religiöser Unmündigkeit. Der Staat wiese seinen Schülern den Weg zum Areligiösen, obwohl seine Verfassung den Weg zum Religiösen verheißt.

Allerdings darf der religiös-weltanschaulich neutrale Staat den Schüler nicht in eine bestimmte Religion drängen. Die Entscheidung über den Religionsunterricht liegt deshalb bei den Eltern und später – mit wachsender Entscheidungsfähigkeit des Kindes und dem entsprechenden Zurücktreten der elterlichen Verantwortlichkeit – bei den Schülern selbst. Der Religionsunterricht stützt sich lediglich auf einen staatlichen Organisationsrahmen, wird aber inhaltlich von den Kirchen bestimmt und von den durch sie ermächtigten Lehrern erteilt. Wenn Schulen nach christlichen Vorbildern benannt werden, ein Kruzifix als Ausdruck des Christentums in Schulen sichtbar wird, wenn das Schuljahr mit einem Gottesdienst beginnt und Geistliche in der Schule präsent sind, bietet der Staat Entfaltungsmöglichkeiten für die positive Religionsfreiheit der Gläubigen, muss dabei aber die Religionsfreiheit der Andersgläubigen, Ungläubigen oder Desinteressierten achten. Würde er die Kultur des Christentums allgemein von der Schule fernhalten, bevorzugte er die Freiheitsberechtigten, die die Religion in der Schule nicht erleben wollen. Bestimmte der Staat das allgemeine schulische Leben nachhaltig durch die Lehren und Symbole einer Religion, so nähme er Partei für die Mitglieder dieser Religion und störte die Freiheit der Mitglieder anderer Religionen und der Nichtreligiösen. Der Staat ist deshalb zu einem schonenden Ausgleich zwischen religiöser Ausdruckslosigkeit und religiösem Bestimmungsanspruch verpflichtet. Er wird im allgemeinen Schulunterricht Religion nur sichtbar und erlebbar machen, soweit dieses nicht Andersdenkende verletzt. Religions- und Kirchenfreiheit sind Freiheit zu Religion und Kirche, verbieten deshalb die Verbannung des Religiösen aus der Schule, fordern aber Behutsamkeit, Takt, Kulturoffenheit für die Begegnung der Schüler mit dem Religiösen. Bei der Entscheidung, welche Religion das kulturelle Klima einer Schule prägen soll, verbleibt der freiheitliche Staat in der Tradition seiner Gesellschaft, folgt der mehrheitlichen Auffassung seiner Bürger und entfaltet eine allgemeine, den Andersdenkenden respektierende Kultur eines ökumenischen Christentums.

Wenn der Staat in einer Gesellschaft, in der religiöse und religionslose Menschen leben, verschiedene Kulturen wirksam werden, eine Kulturoffenheit bewahren will, indem er statt des Religionsunterrichts einen Unterricht in Lebensklugheit, Ethik und religionswissenschaftlicher Unterweisung in den Grundgedanken der Weltreligionen anbietet, so muss dieses Bildungsprojekt scheitern. Der junge Mensch wird nur religionsmündig, wenn er Religion in Bildern und Vorbildern erlebt, in der Auseinandersetzung mit ihn betreffenden Lehren und Verhaltensmaßstäben erfährt, im Zusammenhalt des Kirchlichen Gemeinschaft und Zugehörigkeit finden kann. Auch der Musikunterricht kann nicht gleichzeitig das Spielen aller Musikinstrumente einüben; der Schüler würde keines richtig lernen. Stattdessen erlernt der Schüler ein Instrument, um sich dann weiter zu entwickeln und ein weiteres zu wählen oder aber die Instrumente für sich ganz aus der Hand zu legen. Ebenso muss der junge Mensch mit religiöser Musikalität zunächst seine eigene Religion erleben, erfahren, empfinden und durchdenken, um dann entscheiden zu können, ob diese oder eine andere Religion für sein Leben bedeutsam ist, ob er religiös, areligiös oder antireligiös leben will.

Auch in anderen Lebensbereichen ist es für die freiheitsberechtigten Menschen wichtig, in ihrer Frage nach Gott Antworten zu finden. Deshalb wird der Staat bei der sozialen Betreuung Bedürftiger, bei der ärztlichen Behandlung und Pflege von Kranken, bei der Betreuung von Alten das Leistungsangebot nicht allein staatlichen Institutionen vorbehalten, sondern auch kirchliche Einrichtungen fördern, die dem Menschen in Not ein kirchlich geprägtes Leistungsangebot bieten, allerdings existenznotwendige Leistungen – nach kirchlichem Auftrag und verfassungsrechtlicher Erwartung – nicht nur Kirchenmitgliedern vorbehalten. Hier ereignet sich Freiheit in der organisatorischen und strukturellen Vielfalt der Leistungsträger.

Sodann hat das staatliche Recht das Leben der Menschen so zu formen, dass religiöse Entfaltung ermöglicht und erleichtert wird. Wenn das Verfassungsrecht den Sonntag und die staatlich anerkannten Feiertage als „Tage der Arbeitsruhe und der seelischen Erhebung" schützt, entsteht ein Rhythmus von Arbeits-

und Kulturtagen, in dem die Sonntage als Tage der Freiheit zu Gottesdienst und Kirchlichkeit regelmäßig wiederkehren. Der Ablauf des öffentlichen Lebens, insbesondere die Geschäfts- und Erwerbstätigkeit, die Bauplanung und der Straßenverkehr müssen für Gottesdienste und Kirchenbau, kirchliche Prozessionen und Taufen, Eheschließungen und Beerdigungen offen sein. Religion und Kirchlichkeit beanspruchen in diesem öffentlichen Leben ihren Platz. Gegenwärtig hat der Gesetzgeber vor allem an der Berührungsstelle zwischen Wirtschaft und Religion zu gewährleisten, dass die Dominanz des Ökonomischen nicht die Kultur des Religiösen verdrängt; das staatliche Arbeitsrecht steht nicht der Mitternachtsmesse entgegen, das staatliche Wettbewerbsrecht hindert nicht die Entsorgungs- oder Autowaschaktion der kirchlichen Jugend zugunsten der Dritten Welt, mag dadurch auch der erwerbswirtschaftliche Konkurrent einen Nachteil haben; die allgemeinen Regeln des Straßenverkehrsrechts müssen zeitweilig für die Anliegen einer kirchlichen Prozession verändert werden, mag dadurch auch der Autofahrer in seiner guten Gewohnheit gestört sein.

Auch innerhalb der staatlichen Organisation behält der Mensch sein Freiheitsrecht auf Religion, soweit seine Organisationsabhängigkeit seinen Grundstatus als Mensch berührt. Deshalb muss der Staat insbesondere bei der Bundeswehr, in staatlichen Krankenhäusern oder in Strafvollzugsanstalten Vorkehrungen treffen, dass die Menschen dort ihre Religionsfreiheit wahrnehmen und ihren Kirchen begegnen können.

Schließlich sollte der Staat die verfassungsrechtlich gewährte Religionsfreiheit auch dadurch stützen, dass er bei geeigneten Anlässen die Kirchen einlädt, an staatlichen Akten mitzuwirken. Zwar wäre die Praxis der Vereinigten Staaten, Parlaments- oder Gerichtsitzungen mit einem Gebet zu eröffnen, uns eher fremd. Doch werden staatliche Gedenk- und Festtage in „Verantwortung vor Gott" begonnen, staatliche Einrichtungen mit kirchlichem Segen eröffnet, kirchliche Hochfeste im Beisein von Staatsrepräsentanten gefeiert. Auch hier sollte der Staat öffentlich bewusst machen, dass religiöse Lehren und kirchliche Lebensgewohnheiten ein Fundament der freiheitlichen Verfassung sind.

8. Die Nachbarschaft von Staat und Kirchen

Das Zusammenwirken von Staat und Kirchen ist damit nicht nur eine Frage der Grundrechte, sondern eine des Staatskirchenrechts, in dem Staat und Kirche ihren je eigenständigen, aber auf ein Zusammenwirken angelegten Status in Verantwortung für die ihnen gemeinsam anvertrauten Menschen entfalten. Das Grundgesetz bewahrt in seinem Staatskirchenrecht die historische Erfahrung, dass die Spannung zwischen Vernunft und Glaube, zwischen weltanschaulicher Neutralität und öffentlichem Bekenntnis, zwischen Säkularisierung und prinzipieller Religionsoffenheit jedes Menschen für den einzelnen Menschen wie für die Religionsgemeinschaften immer wieder offen gehalten und von den Freiheitsberechtigten zu einem schonenden Ausgleich gebracht werden muss. Dabei finden Religion und Bekenntnis in den Kirchen Religionsgemeinschaften vor, die religiöse Lehren, Lebensformen und Sinnstiftungen seit Jahrtausenden vermitteln und erneuern. Der Mensch erlebt und erdenkt Religion fast nie als Einzelner, auch nicht als eine in gegenwärtiger Freiheit gebildete Gruppe, sondern als Mitglied einer Kirche in kultureller Tradition und Erfahrung.

Dennoch fordern gegenwärtig aktuelle Stimmen des Verfassungsrechts, das Staatskirchenrecht durch ein „Religionsverfassungsrecht" zu ersetzen, die kollektive Religionsfreiheit also eher als Summe individueller Grundrechtswahrnehmungen zu verstehen und weniger in den Institutionen einer Kirche abzustützen. Dadurch würde die Religionsfreiheit ihr wesentliches Fundament, die Kirchen, in der rechtlichen Gewährleistung verlieren. Die individuelle Religionsfreiheit braucht aber die institutionelle Festigkeit in der Kirche, ihren Organisationen, Lehren und Wirkungsweisen. Wie die Wissenschaftsfreiheit sich in Deutschland ohne Universitäten kaum entfalten kann, die Berufsfreiheit der Arbeitnehmer in Unternehmen, aber auch in Gewerkschaften und Verbänden eine feste Grundlage findet, der Rechtschutz ohne die Institutionen der Gerichte leer laufen würde, so braucht auch der religiöse Mensch die Gemeinschaft seiner Kirche, die Begegnung in einem gemeinsamen Glauben, die Pflege der Religion in gemeinsamen Formen, Riten und Lebensweisen. Individuelle Religionsfreiheit ist auf die Kirchen angewiesen.

Andererseits würden die Kirchen mit dem Verlust des Staatskirchenrechts ihren Nachbarschafts- und Partnerschaftsstatus zum Staat aufgeben und auf eine bloße Freiheit vom Staat zurückgeworfen. Zwar könnten die Kirchen das Grundrecht der Religionsfreiheit als juristische Personen in Anspruch nehmen; die Rechtsfolge bliebe dann aber das Recht auf „ungestörte" Religionsausübung, nicht ein vom Staat gestütztes und bestätigtes öffentliches Wirken der Kirchen, die Sichtbarkeit der Religionen in Institutionen, ihren Repräsentanten, Lehren und Wirkungsweisen. Wer der individuellen und kollektiven Ausübung der Religionsfreiheit die Kirchlichkeit vorenthält, behandelt den Gläubigen wie einen Autofahrer, dem er freie Fahrt, die Sicherheit und Leichtigkeit des Straßenverkehrs verspricht, ohne ihm eine Straße für seine Bewegungsfreiheit zur Verfügung zu stellen. Die Kirchen sind als Körperschaften des öffentlichen Rechts mit öffentlich-rechtlichem Wirkungsauftrag sichtbare Kirchen, die Gesellschaft und Staat mitgestalten, die Grundsatzwertungen des Gemeinwesens hervorgebracht haben und aktuell bekräftigen, die Bindungsfähigkeit und Zuwendungsbereitschaft der Menschen immer wieder erneuern. Religionsfreiheit ereignet sich in der Kulturgemeinschaft einer in zweitausend Jahren gewachsenen, religiösen Überlieferung, im Zusammenhalt der Lehren einer Schrift und ihrer gegenwartsgerechten Deutung durch kirchliche Autorität, in der Nachhaltigkeit kirchlicher Verkündigung, institutioneller Freiheitsvorkehrungen und karitativer Zuwendung in einer den einzelnen Menschen und die Generationen übergreifenden Kirchenorganisation.

Eine freiheitliche Verfassung wird ohne kirchlich fundierte Ethik und Moral, ohne eine Kultur der Gemeinwohlbereitschaft und Bindungsfähigkeit nicht gelingen. Die Kirchen werden ihren Auftrag, auf das öffentliche Leben einzuwirken, in einem bloßen Grundrechtsschutz nicht vollständig verbrieft finden, sie sind vielmehr auf einen Gestaltungs- und Wirkungsstatus im öffentlichen Leben angelegt.

IV. Der Sozialstaat und das Geld

Wenn der freiheitliche Staat das Gelingen der menschlichen Gemeinschaft in die Hand der Freiheitsberechtigten gibt und wenn diese in Religion und Ethos Maßstäbe zur Wahrnehmung ihrer Freiheit – zum Erkennen der Handlungsalternativen, ihrer Beurteilung und zur langfristigen Bindung – gewinnen, so bietet das Wirtschaftsleben eine der Bewährungsproben für diese Maßstäbe. Ethische Lehren für die Deutung und das Verstehen des menschlichen Lebens beziehen sich in vielen Grundsatzaussagen auch auf das Erwerbsstreben des Menschen, seine Eigenverantwortlichkeit, sich selbst zu ernähren, auf seine Hoffnung auf Reichtum und den Wettbewerb um den wirtschaftlichen Erfolg. Diese Marktwirtschaft soll sozial sein. Das Streben nach Gewinnmaximierung darf nicht ins Grenzenlose weisen. Der unterschiedliche Erwerbserfolg ist Ausdruck der Freiheitsrechte, nicht der Freiheit. Die Brüderlichkeit, das dritte Ideal moderner Demokratien, mäßigt Freiheit und Gleichheit. Diese Maßstäbe sind heute im geltenden Recht verdeutlicht und in verbindlichen Rechtssätzen ausgeformt worden. Beim Kampf um das Geld geht es also weniger um ein staatlich gewährtes Freiheitsrecht, das von den Freiheitsberechtigten nach ethischen Maßstäben der Verantwortlichkeit wahrgenommen werden muss, sondern um eine rechtliche Wirtschafts-, Währungs- und Steuerordnung, die Freiheit rechtlich definiert, begrenzt, deren Inhalte aber immer wieder an Ethos und Moral zu überprüfen sind. Menschliches Verhalten gewinnt seinen Antrieb aus Neugierde, Geltungsdrang, Erwerbsstreben und Sexualität; die Wirtschaftsfreiheiten bauen auf ein fast unerschöpfliches Streben nach Geld und Geltung. Berufliche Anstrengung und Eigentümerklugheit können aber zur Habgier werden, Gewinnstreben drängt ins Grenzenlose und damit ins Übermaß. Deshalb setzt das Recht diesen Maximierungsverfahren ein Maß, das Ethos muss dieses mäßigende Recht immer wieder neu ausrichten.

Mit der Vertreibung aus dem Paradies ist der Mensch gehalten, sich im Schweiße seines Angesichts selbst zu ernähren. Die Früchte fallen ihm nicht in den Schoß, werden auch nicht vom Sozialstaat frei Haus geliefert, sondern müssen durch Arbeit erworben, der Natur und dem Mitbewerber abgerungen werden. Die Menschen haben sich diesen Auftrag nachdrücklich zu eigen gemacht. Der Tanz um das goldene Kalb versetzt die Tanzenden in einen Taumel und veranlasst Moses, die Gesetzestafeln zu zertrümmern: Das tanzende Volk ist nicht würdig für die Gesetze, die es in das gelobte Land begleiten sollen. Auch die Gesetzestafeln des Wirtschaftsrechts können eine Ordnung für Beruf, Erwerb und Eigentum nur schaffen, wenn die Menschen in ihrem Kampf um das Gold ein Maß finden, sie ihr Erwerbsstreben als Teil einer Gesamtkultur verstehen und begrenzen, sie die dienende Funktion von Geld und Gut erkennen.

Die Zehn Gebote fordern vor allem in dem Gebot „Du sollst nicht stehlen" die Achtung vor dem Eigenen des anderen, unterbinden auch Habsucht und Neid, warnen vor der Verführungsmacht des Geldes. Thomas von Aquin hat auf dieser Grundlage eine Lehre vom Eigentum entwickelt, dessen Erwerb sich durch menschliche Arbeit rechtfertigt, das als Verantwortungseigentum ausgestaltet ist und auch die Fähigkeit zur Selbstlosigkeit, zur gemeinnützigen Spende begründet. Diese Lehren von Mein und Dein, von Eigentum und Sozialpflichtigkeit, von Wettbewerb und Brüderlichkeit, von der individuellen Eigentümerverantwortlichkeit in der konkreten Lebenssituation gewinnen aktuelle Bedeutung, wenn das konkrete Sacheigentum immer mehr durch ein fungibles Geldeigentum abgelöst wird (1.), wenn der Sozialstaat in diesem Geld sein wichtigstes Handlungsmittel gewinnt (2.), wenn die Eigentümermacht im allgemeinen Finanzmarkt und in den anonymen Kapitalgesellschaften immer weniger individuell verantwortet wird (3.), wenn der privatwirtschaftliche Maßstab zur Verteilung des Geldes, die Tauschgerechtigkeit im Wettbewerb, und der staatliche Verteilungsmaßstab, die in Treuhänderschaft wahrgenommene Bedarfs- und Beteiligungsgerechtigkeit, zunehmend miteinander vermengt werden (4.), wenn der Staat seine Finanzausstattung durch Steuern immer mehr nutzt, um dem Steuerpflichtigen durch steuerliche Anreize und Abreize ein Stück seiner Freiheit „abzukaufen" (5.), wenn die menschliche Leistung, die Entgelt oder andere Formen der Anerkennung verdient, sachgerecht definiert werden muss (6.) und wenn die Hoffnungen und Forderungen an den Sozialstaat diesen gänzlich zu überfordern scheinen (7.).

1. Das Geld

Geld erscheint zunächst als Münze, als ein Stück Papier, als Kontostand, als Scheck, in denen jeweils eine bestimmte Wirtschaftsgemeinschaft verspricht, eine benannte Summe Kaufkraft gegen Leistungen einzutauschen. Geld ist ein Zahlungsmittel, ein Bewertungsmittel und ein Hort, um zukünftige Kaufkraft aufzubewahren.

Geld ist geprägte Freiheit (Dostojewskij), damit ökonomische Grundlage fast aller Freiheitsrechte. Wer die Freiheit der Medien in Anspruch nehmen, sich am Straßenverkehr beteiligen, eine Familie gründen, ein Haus bauen oder in eine Gesellschaft eintreten will, braucht Kapital. Dieses beschaffte sich der Freiheitsberechtigte im 19. Jahrhundert in der Regel durch Bewirtschaftung eines Gewerbebetriebs oder einer Landwirtschaft; heute stützt er seine Freiheit vor allem auf den Ertrag seiner Arbeit oder seines Kapitals sowie auf Ansprüche aus einer solidarischen Daseinsvorsorge und Zukunftssicherung. Damit wird das Geld zu einem der wichtigsten Instrumente moderner Freiheiten und ist deswegen von Verfassungs wegen als Eigentum geschützt. Der Eigentümer mag sich schlicht am wachsenden Kontostand erfreuen oder wie Dagobert Duck in seinen Münzen baden; er wird das Geld vor allem nutzen, um daraus den Lebensunterhalt für sich und seine Familie zu bestreiten, sodann aber auch, um weitere Erträge zu erzielen. Er wird es verwalten, um in der bestmöglichen Anlageform die Rendite zu steigern. Er wird insbesondere über sein Geldeigentum verfügen, um es in Sachen, Dienstleistungen oder andere Währungen zu tauschen. Geld ist gehortete ökonomische Freiheit, es erlaubt den gegenwärtigen Konsumverzicht, um in der Zukunft mit gleicher Kaufkraft nachfragen zu können.

Die Verantwortung für den Geldwert trifft die Rechtsgemeinschaft, die Löhne, Preise, Zinsen und öffentliche Abgaben vereinbart. Die herkömmliche Vorstellung einer „National"-Ökonomie weist diese Verantwortlichkeit einem Staat zu; der Gedanke der „Volks"-Wirtschaft lässt eine demokratische Legitimation anklingen. Heute ist die Verantwortlichkeit für den Geldwert des Euro auf die Europäische Union übergegangen, deren Organe – insbesondere die Europäische Zentralbank – sich zwar auf einen Binnenmarkt, nicht aber auf eine europäische Wirtschaft stützen können, vielmehr vernetzte Nationalökonomien und autonome Staatshaushalte ihrer Stabilitätspolitik zugrunde legen. Die verfassungsrechtlich und europavertraglich garantierte Preisstabilität, die einen möglichst gleichbleibenden Geldwert sichern soll, braucht deshalb eine von den Mitgliedstaaten gebotene, europäisch verstärkte Vertrauensgrundlage.

Der Geldwert ist einer der wichtigsten Inhalte der Generationengerechtigkeit. Wer heute auf den Konsum von 1000

Euro verzichtet, erwartet von der nachfolgenden Generation, dass sie die gesparte Geldsumme auch in zwanzig Jahren für eine Gegenleistung von ähnlichem Wert eintauscht. Der Geldwert stützt sich auf ein Einlösungsvertrauen, das nicht nur die gegenwärtigen Teilnehmer am Wirtschaftsleben, sondern auch ihre Kinder erfüllen. Geldpolitik ist deshalb auch Familienpolitik. Würde der deutschen Volkswirtschaft in dreißig Jahren wegen unseres Kindermangels ein Viertel der Akteure fehlen, also dem geldpolitischen „Generationenvertrag" ein Teil der Verpflichteten wegbrechen, so könnte das Stabilitätsversprechen nicht mehr erfüllt werden.

Der Geldwert ist schließlich auch eine Aufgabe internationaler Kooperation. Der Wert des Geldes bestimmt sich nicht nur nach dem Binnenwert, der Kaufkraft von Waren und Leistungen, sondern ebenso nach dem Außenwert, den Beziehungen zu anderen Währungen. Damit fordert das Geld für die internationale Ordnung eine besondere Grundlage des Vertrauens, der Zukunftsgerichtetheit und Verlässlichkeit. Je mehr Staaten und Wirtschaftsunternehmen in Währungsordnung und Beteiligungen miteinander verbunden sind, je mehr also jeder durch die Instabilität des anderen verliert, desto mehr gewinnt die internationale Friedensordnung an pragmatischen Realisierungschancen.

2. Die Handlungsmittel des sozialen Staates

Das Geld ist nicht nur ökonomische Grundlage individueller Freiheit, sondern auch das wichtigste Handlungsmittel des sozialen Staates. Der um eine Gerechtigkeit im Sozialen bemühte Staat sucht im Dreiklang moderner demokratischer Gerechtigkeitsprinzipien, der Freiheit, der Gleichheit und der Brüderlichkeit, möglichst auch das dritte Ideal Wirklichkeit werden zu lassen. Die Verfassungsstaaten verstehen den Menschen als Subjekt mit unverletzlicher und unveräußerlicher Würde, als Person, die zur Freiheit fähig und bereit ist, deren Gleichheit in Freiheit die Grundlage zur selbstbestimmten Lebensgestaltung bietet. Allerdings ist der Mensch nicht nur stark, urteilskräftig und gestaltungsfreudig, sondern auch hilfsbedürftig, ratlos, krank und ohne Arbeit. Der Rechtsstaat sieht den Menschen vor allem im Willen und der Kraft zur Freiheit, der soziale Staat begegnet ihm in der Hilfsbedürftigkeit des Neugeborenen, des Erziehungsbedürftigen, des Mutlosen, Arbeitslosen und Altersgebrechlichen. Die verfassungsrechtliche Garantie der Menschenwürde heißt jeden Menschen in der Rechtsgemeinschaft willkommen, mag er stark oder schwach, alt oder jung, arm oder reich, gesund oder krank, leistungsfähig oder hilfsbedürftig sein. Jeder Mensch, der in unserer Rechtsgemeinschaft lebt, gehört zu ihr, nimmt als Zugehöriger an den wirtschaftlichen, kulturellen und rechtlichen Standards dieser Gemeinschaft teil. Er hat insbesondere einen Anspruch darauf, nicht in Freiheit existenziell und kulturell zu verhungern. Diese Statusgleichheit jedes Menschen in den elementaren Lebens- und Freiheitsbedingungen ist ein Menschenrecht, das jedoch jeweils in der konkreten Ordnung eines Staates nach dessen Standards erfüllt wird: Der Mensch empfängt als Existenzminimum in Entwicklungsländern eine Handvoll Reis, stellt an unseren sozialen Staat hingegen die Frage, ob Fernsehgerät und Telefon zur Minimalausstattung eines Lebens in Deutschland gehören. Sozialstaatlichkeit ist Ausdruck der jeweiligen ökonomischen und rechtlichen Leistungsfähigkeit eines Staates.

Das wichtigste Handlungsmittel des sozialen Staates ist das Geld. Deckt der Staat den Lebensbedarf eines Bedürftigen durch Sachzuwendungen, stellt er ihm insbesondere Nahrung, Kleidung und Wohnung zur Verfügung, so vermittelt er ihm weniger Entscheidungsfreiheit, als wenn er die entsprechenden Geldmittel zuweist, damit der Bedürftige seinen individuellen

Bedarf selbst bestimmen und eigenverantwortlich befriedigen kann. Geld ist die Blankettbefähigung zu wirtschaftserheblichem Handeln; die Sachleistung befriedigt einen staatlich definierten Bedarf.

Das faszinierende Freiheitsinstrument des Geldes, das dem Geldeigentümer Nachfragekraft vermittelt, ihm die konkrete Nachfrage aber für die Zukunft vorbehält, bietet dem sozialen Staat somit ein freiheitsgerechtes Instrument des Helfens. Der Staat hat stets die Geldleistung statt der Sach- und Dienstleistung zu wählen, solange die verfassungsrechtliche Vermutung nicht widerlegt ist, dass der Mensch bei hinreichender Ausstattung mit Geldmitteln zur Eigenvorsorge fähig ist. Dieses Prinzip ist für die Sozialhilfe und die Alterssicherung geltendes Recht, sollte aber vermehrt auch auf das Gesundheitswesen und die Kinderbetreuung angewandt werden. Wenn die Krankenversicherung den Kranken durch Geldzuwendungen selbst zur Nachfrage nach Gesundheitsleistungen befähigt, gewinnt der Patient mehr Eigenverantwortlichkeit, übt andererseits in seiner begrenzten Entgeltbereitschaft auch eine deutlichere Kontrolle gegenüber Arzt, Krankenhaus und Apotheke aus. Würde der Staat für die Kinderbetreuung nicht unentgeltliche Einrichtungen – Kinderhort und Kinderkrippe, Kindergarten und vorschulische Qualifikationshilfen – bereitstellen, sondern die dafür aufgewendeten Finanzmittel als Geldzahlungen den Eltern zuweisen, so übertrüge das Geld die Entscheidungs- und Kontrollkraft für die Kinderbetreuung den Eltern, die ihren Kindern ein Leben lang persönlich verbunden sind und deshalb am besten entscheiden können, welches Betreuungsangebot – insbesondere die eigenhändige Betreuung durch die Eltern oder die institutionelle durch eine Einrichtung – für ihr Kind am besten ist.

Der soziale Staat kann leistender Wohltäter nur sein, wenn er vorher belastender Übeltäter gewesen ist. Ein freiheitlicher Verfassungsstaat finanziert sich grundsätzlich nicht aus staatseigenen Unternehmen, sondern aus der steuerlichen Teilhabe am Erfolg privaten Wirtschaftens. Er gibt über die Garantie von Berufs- und Eigentümerfreiheit die Produktionsfaktoren Arbeit und Kapital strukturell in private Hand, erwirtschaftet deshalb nicht selbst Erträge und Kaufkraft, sondern besteuert Einkommen und Konsum (Umsatz). Sozialstaatliche Leistung ist deshalb in gleicher Höhe auch steuerliche Last. Der wirtschaftlich Erfolgreiche bezahlt für den wirtschaftlich Erfolglosen. Hier zeigt sich die Solidarität der Rechtsgemeinschaft, die starke Verbundenheit aller Rechtsbeteiligten im Setzen und Durchsetzen einer Rechtsordnung, die jedem einen gleichen Elementarstatus in Würde und Freiheit garantiert. Diese Solidarität ist zugleich Grundlage eines Subsidiaritätsprinzips, nach dem die Verbundenheit in einer kleineren Einheit, insbesondere der Familie, der Ortsgemeinde, einer kirchlichen Gemeinschaft oder einer Versichertengemeinschaft stärker ist als diejenige im Staat, so dass die jeweils kleinere und enger verbindende Gemeinschaft ihre Kraft des Helfens vorrangig einsetzt.

Die Solidargemeinschaft des sozialen Staates ist strukturell gestört, wenn eine Mehrzahl wirtschaftlich Erfolgreicher sich auf eine Sozialstaatlichkeit beruft, um ihr komfortables Einkommen und ihre bequemen Lebensbedingungen weiter zu verbessern. Sozialstaatlichkeit streitet nicht – etwa in den Tarifverhandlungen über einen besseren Lohn oder bei der Gesetzgebung über bessere Gehälter – für bessere Lebensverhältnisse, insbesondere nicht für höhere Einkommen zu Lasten anderer. Jede Sozialgemeinschaft, die nicht Minderheiten stärkt, sondern Mehrheiten begünstigt, überfordert sich selbst und verliert den Maßstab des Sozialen.

Der soziale Staat baut deshalb darauf, dass 97 % Starke einen steuerbaren Überschuss erwirtschaften, aus dem für 3 % Schwache in rechtlicher Selbstverständlichkeit, freiheitsgerechtem Takt und generationenverantwortlichem Stil das Existenznotwendige gesichert wird. Würde sich die Mehrzahl der Menschen als sozial schwach definieren, widerlegte sich der Sozialstaat selbst. Der soziale Staat teilt Geld neu zu, das nach dem Freiheitsprinzip zunächst von anderen verdient worden, in dieser freiheitlich begründeten Verschiedenheit also grundsätzlich gerechtfertigt ist. Das stärkere Gegenrecht des Bedürftigen setzt sich durch, weil der finanziell Leistungsfähige seine individuelle Leistungskraft nicht für sich beansprucht, soweit der andere deswegen unterhalb des sozial-kulturellen Existenzminimums leben müsste. Das – nie erreichbare – sozialstaatliche Ideal allerdings ist darauf ausgerichtet, dass jeder Mensch seine Bedürfnisse selbst definiert und aus eigener Kraft befriedigt, der soziale Staat also keinen Euro umverteilen und keinen Beamten im Sozialamt beschäftigen müsste.

Das Grundgesetz spricht deshalb in der Staatsgrundlagenbestimmung des Artikel 20 nicht vom Sozialstaat sondern vom sozialen Staat. Der soziale Staat vergewissert sich in jeder seiner Handlungen, ob er sozial, brüderlich, freiheitsstützend und freiheitsschonend wirkt, während der Sozialstaat von einem Auftrag zum Sozialen geprägt ist, seinen Maßstab also mehr in Aufgabe und Kompetenzen findet und sich weniger in der Betroffenheit des einzelnen Menschen rechtfertigt. Sozialstaatlichkeit ist vor allem ein Organisationsprinzip und beansprucht Herrschaft; der soziale Staat wirkt behutsam, verantwortet jede seiner Wirkungen in der freiheitlichen Betroffenheit des Einzelnen. Sozialstaatlichkeit erwartet das Soziale vor allem vom Staat; der soziale Staat baut auf Ehe und Familie, Nachbarschaft und Verein, Kirche und private Versicherung. Der Sozialstaat wird durch das Subsidiaritätsprinzip gemäßigt; der soziale Staat ereignet sich in Subsidiarität. Der Sozialstaat verwirklicht das Soziale eigenhändig; der soziale Staat gewährleistet, dass die freiheitliche Gesellschaft sozial wirkt und bei Versagen durch staatliche Leistungen ergänzt wird.

Der soziale Staat findet sein Maß in der Aufgabe, jeden ihm anvertrauten Menschen an den rechtlichen, kulturellen und ökonomischen Standards der jeweiligen Rechtsgemeinschaft teilhaben zu lassen, nicht aber die Lebensbedingungen der Menschen ständig nach den Vorstellungen des Staates zu verbessern. Totalitäre Regime sind stets mit der Parole der Optimierung angetreten, haben dann aber freiheitliche Vielfalt durch das staatlich definierte Optimum unterdrückt. Wer einem anderen das Beste wünscht, handelt als Menschenfreund; wer dem anderen das für ihn Beste verbindlich vorgeben will, wirkt bevormundend und folgt einem Hang zum Totalitären. Auch im sozialen Staat bleibt das Recht eine Kultur des Maßes. Die Grundentscheidung für das Soziale berechtigt deshalb den Schwachen in existenzieller Not, nicht den Schwächeren, der im Vergleich mit anderen beobachtet, dass seine Lebensbedingungen noch besser sein könnten. Der Wille zum Besseren und Besten ist Antrieb für selbstbestimmte Freiheit, nicht für sozialstaatliche Bedarfsgerechtigkeit.

3. Die Anonymität des Geldeigentums

Der Vorzug des Geldes liegt in der Offenheit seiner Verwendung. Wer über Geld verfügt, behält sich zukünftige Verwendungs- und Investitionsentscheidungen vor. Zugleich liegt aber in dieser Gegenstandslosigkeit des Geldeigentums auch die Gefahr anonymer, tendenziell verantwortungsferner Eigentümermacht. Wenn ein Unternehmenseigentümer seinen Wirtschaftsbetrieb persönlich führt, verantwortet er seine Unternehmenstätigkeit gegenüber seinen Kunden, Arbeitnehmern und Vorlieferanten mit seinem Namen und seinem Vermögen. Wer hingegen sein Geldeigentum einem Fondsmanager überlässt, ermächtigt ihn, die im Geld übergebene Kapitalmacht nach Belieben einzusetzen, um Rendite zu erzielen. Der Kapitalfond schickt das Geldeigentum in Sekundenschnelle um den Erdball und platziert es dort, wo der größte Ertrag zu erwarten ist. Ob mit der Kapitalmacht des Geldeigentümers Kriege finanziert oder Krankenhäuser erbaut werden, ist für dieses Ertragssystem unerheblich. Das Geldeigentum wird ausschließlich als Ertragsquelle genutzt; der Eigentümer setzt seine Finanzmacht ein, ohne sie in ihren Wirkungen zu verantworten.

Die Gegenstandslosigkeit des Geldeigentums schwächt die Verantwortlichkeit des Eigentümers auch, wenn die Eigentümerrechte in Publikumsgesellschaften auf verschiedene Beteiligte aufgeteilt werden: Der Anteilseigner investiert sein Geldeigentum in die Aktie, nutzt sein Eigentum also als Ertragsquelle und beschränkt sich im übrigen auf eine Teilhabe an der Wertentwicklung des Gesamtunternehmens, die sich im Wert seiner Aktie spiegelt. Das Eigentümerrecht des Besitzens, des Verwaltens und Lenkens des Gesamtunternehmens hingegen liegt beim Vorstand und beim Aufsichtsrat, teilweise auch bei den Kreditgebern. Der Anteilseigner an einer Publikumskapitalgesellschaft ist mehr Eigentümer eines Wertpapiers denn Teileigentümer eines Unternehmens. Wollte er auch nur die Vorstandsetage des von ihm mitfinanzierten Unternehmens betreten, fehlte ihm ein Recht zum Betreten. Die flexible und vielfach anonyme Eigentumsmacht des Geldes verschiebt die Verantwortlichkeiten vom Eigentümerunternehmer zu den Kapitalstrukturen eines Aktien- und Kreditmarktes. Der Vorstand einer Aktiengesellschaft beobachtet oft mehr den Kurs seines Unternehmens an der Börse als die Entwicklung seiner Produkte in der Bilanz von Forschung und Entwicklung. Er verfolgt mehr die Schwankungen seines Unternehmenswertes im DAX als das Vertrauen der Kunden in die Leistungen seines Unternehmens, sucht mehr den Analysten zu beeindrucken als den Stamm seiner Kunden zu pflegen, wehrt eher feindliche Übernahmen ab, als dass er um Aufträge würbe. Die Geldwirtschaft entpersönlicht das Eigentum, gefährdet teilweise die Garantie des Privateigentums in einer Anonymität verantwortungsarmer Eigentümermacht. Die leichte Verfügbarkeit des Geldes lockert die Eigentümerverantwortlichkeit, scheint aber auch den Zugriff auf fremdes Eigentum anzuregen. Während andere lebensbestimmende Unterschiede – Kinderreichtum und Kindermangel, größere oder kleinere Begabung, auch eine dank Qualifikation erworbene bessere oder schlechtere berufliche Stellung – als Ausdruck menschlicher Verschiedenheit akzeptiert werden, scheint der Unterschied in den Eigentumsverhältnissen umso weniger einsichtig zu sein, als dieser Unterschied nicht als persönlich genutztes Sacheigentum – die eigene Wohnung, die eigenen Bücher oder das eigene Auto – wahrgenommen wird, sondern als fungibles Geldeigentum, das durch seine vielfältigen Nutzungsmöglichkeiten die Phantasie anregt. Deswegen richten sich Umverteilungsanliegen vor allem auf das Geldeigentum. Steuern und Sozialabgaben werden zunehmend in Dienst genommen, um individuelle Einnahmen nicht nach Leistung – dem Einsatz von Arbeit oder Kapital –, sondern nach Bedarf zuzuteilen.

Das Geld verändert auch das Autonomieverständnis der Länder im Bundesstaat. Die Verschiedenheit der deutschen Bundesländer nach Landschaftsgestalt und Wirtschaftsstruktur, je nach den verschiedenen Charakteren, Traditionen und Lebensformen der einzelnen Landsmannschaften wird als föderale Vielfalt vorgefunden und als bürgernahe Eigenheit anerkannt. Bei der Finanzausstattung hingegen werden einheitliche oder zumindest ähnliche Lebensverhältnisse erwartet. Die Folge ist ein Finanzausgleich, der weniger Vorzüge und Nachteile einer Finanzpolitik dem jeweiligen Landesstaatsvolk belässt, das diese Politik durch Wahlen ermöglicht hat, der vielmehr die Finanzausstattung der Länder immer wieder so einander angleicht, dass der Anreiz zu einer wirtschaftlichen und sparsamen Haushalts- und Verschuldungspolitik geschwächt wird, selbst die Bereitschaft zu einem gleichen, auf den staatlichen Ertrag bedachten Vollzug der Steuergesetze durch die Länder zu leiden scheint. Wenn der Finanzausgleich bewirkt, dass ein Land bei der Einnahme von 1000 Euro Steuerertrag mehr als 1000 Euro im Finanzausgleich verliert, widerspricht dieses Ausgleichssystem ökonomischer Vernunft und verfassungsrechtlicher Bundesstaatlichkeit. Gelegentlich scheint sich im Bundesrat bei der Entscheidung über die Zustimmung zum Finanzausgleichsgesetz eine knappe Mehrheit als arm zu definieren, um die verbleibende Minderheit als reich zu behandeln und auszubeuten.

Gesetzgebungs-, Regierungs-, Verwaltungs- und Rechtsprechungskompetenz sind zwischen den Bundesländern und zwischen Bund und Ländern trotz aller tatsächlichen Verschiedenheiten nach dem Prinzip der Autonomie stetig gleich zugeteilt; die Wahrnehmung dieser gleichen Autonomie führt aber zu unterschiedlichen Entscheidungen, damit zu Verschiedenheiten, die demokratisch und rechtsstaatlich gewollt sind. Wären Parlamente und Regierungen in den Bundesländern auf gleiche Ergebnisse verpflichtet, wäre die Unterscheidung der Länder, damit die Bundesstaatlichkeit sinnlos. Diese Autonomie wird von den Landesregierungen zu Recht betont, bei der Verteilung der Steuererträge und im Finanzausgleich aber vielfach vergessen. Die Finanzmacht des Geldes weckt bei jedem Land immer wieder neue, schier grenzenlose Begehrlichkeiten.

Das Geld fördert den Hang zur Ungebundenheit, es regt die Phantasie zur fast beliebigen Gestaltung der Lebensverhältnisse an. Diese Entwicklung zur Ungebundenheit, zur Verantwortungslosigkeit verstärkt sich, wenn das Geldeigentum auf dem Neuen Markt des geistigen Eigentums eingesetzt wird, auf dem nicht Waren und Dienstleistungen angeboten werden, sondern

Filme, Patente, Computerprogramme oder Urheberrechte. Auf diesem Markt fehlt das Mäßigungsinstrument der Knappheit. Die Nutzung eincs geistigen Eigentums kann beliebig oft gegen Entgelt überlassen werden, während eine Ware nur einmal verkäuflich ist. Das von einem Mönch in Lebensarbeit geschriebene Buch ist ein Kunstwerk von hohem Wert, das in der Gutenberg-Druckkunst gedruckte Buch ein beachtliches Wirtschaftsgut, der im Internet abrufbare Text gleichen Inhalts fast schon Gemeingut. Im Markt eines fast beliebig verbreiteten geistigen Eigentums ist die einzige Schranke der Leistungsverteilung die Aufnahmebereitschaft des Nachfragers. Auf diesen richtet sich deshalb die Macht der Werbung. Die Gegenwehr des umworbenen Kunden gegen die Verlockungen der Werbeangebote wird schwächer, wenn er durch Überweisung oder Scheckkarte über Geld – seinen Kontostand oder auch einen Kredit – verfügt, seine Gegenleistung also nicht so gegenständlich ist wie bei der Barzahlung. Der Einbruch des Neuen Marktes ist wesentlich durch den im Geld und im geistigen Eigentum angelegten, kaum gemäßigten Hang zum Übermaß verursacht.

Fungibilität und Anonymität des Geldeigentums fordern deshalb eine Neuordnung von Eigentumserwerb und Eigentümerverantwortlichkeit. Rechtfertigungsgrund für den Erwerb von Eigentum ist vor allem die Arbeit, Verantwortungsgrund der Eigentümerfreiheit der Einsatz von Eigentümermacht. Das Geldeigentum stellt uns vor die Aufgabe, die Eigentumsordnung neu zu schreiben.

4. Maßstäbe zur Verteilung des Geldes

Das knappe Gut Geld wird grundsätzlich nach dem Maßstab der Tauschgerechtigkeit zugeteilt, der dann durch den der Bedarfsgerechtigkeit ergänzt wird. Wer durch Arbeit einen Lohn, durch unternehmerische Tätigkeit einen Gewinn, durch Beitragszahlung einen Alterssicherungsanspruch erwirbt, hat diese Einkommen verdient. Die Leistung rechtfertigt die Gegenleistung.

Der Staat folgt als Treuhänder seiner Geldgeber, der Steuerzahler, dem Prinzip der Bedarfsgerechtigkeit. Er setzt seine Haushaltsmittel für öffentliche Aufgaben und Einrichtungen ein, die der Allgemeinheit der Staatsbürger oder Inländer zugute kommen, ohne dass der Geldgeber wegen seiner Zahlungen eine bevorzugende Staatsleistung erwarten dürfte. Der Sozialstaat gewährt Sozialhilfe, weil der Empfänger bedürftig ist, er die Sozialleistung gerade nicht entgelten kann. Der Rechtsstaat teilt Berechtigungen – den Führerschein oder die Baugenehmigung – nach Qualifikations- und Gemeinverträglichkeitskriterien zu und wehrt sich mit der Strafbarkeit der Bestechlichkeit gegen eine entgeltliche Vergabe der Rechte. Die Demokratie verlöre die Unbefangenheit und gleichmäßige Distanz zu allen Bürgern, wenn der Großsteuerzahler mehr Einfluss auf die Entscheidung der Staatsorgane gewönne als der Kleinsteuerzahler oder der Nichtsteuerzahler. Die Republik gäbe ihre Allgemeinwohlverantwortlichkeit auf, müsste sie die staatliche Leistung dem Entgeltbereiten und Entgeltfähigen vorbehalten.

Deshalb ist die marktwirtschaftlich-wettbewerbliche Tauschgerechtigkeit prinzipiell und folgerichtig von der staatlichen Bedarfsgerechtigkeit zu unterscheiden. Bei der Tauschgerechtigkeit begründen Menschen Rechtsverbindlichkeiten für Güter und Leistungen, über die sie verfügen dürfen. Bei der Bedarfsgerechtigkeit verfügt der Staat in Treuhänderschaft für seine Steuerzahler über seine Haushaltsmittel und setzt sie für die Bedürfnisse der ihm anvertrauten Menschen ein. Staatliche Bedarfsdeckung bietet nicht Staatsleistungen um des Entgelts willen an, sondern wendet sich dem Bedürftigen zu und bietet allgemeindienliche Güter zum Gemeingebrauch an. Von der gemeinnützigen, privaten Zuwendung allerdings unterscheidet sich die staatliche Leistung vielfach dadurch, dass der Bedürftige einen Rechtsanspruch gegen den Staat hat, er also die staatliche Leistung mit gleicher Verlässlichkeit erwarten darf wie ein Vertragspartner.

Diese unterschiedlichen Maßstäbe geraten durcheinander, wenn in einem Europa und einer Welt der offenen Grenzen die Menschen – Bedürftige, Steuerzahler und Unternehmen – ihren Standort wechseln und sich der Rechtsordnung eines anderen Staates unterordnen können. Dieses Recht zur Auswanderung und zur Einwanderung wird vielfach als ein „Wettbewerb der Rechtssysteme" missverstanden, in dem die Staaten durch das Angebot einer besseren Rechtsordnung miteinander wetteifern und die Menschen dadurch zur Ansiedlung und Begründung eines Wohnsitzes einladen. Wem das deutsche Steuerrecht zu kompliziert erscheint, die Lebensmittelzulassung zu streng oder die betriebliche Mitbestimmung zu arbeitnehmerfreundlich, weicht diesem Recht durch Ansiedlung in einem anderen Staat aus und wählt dadurch die für ihn günstigere Rechtsordnung.

Diese Unterschiede nationalen Rechts erschließen tatsächliche Entscheidungsalternativen, solange das Europarecht und das Völkerrecht nicht einheitliche Rechtsmaßstäbe anbieten. Diese Rechtseinheit allerdings ist oft Bedingung grenzüberschreitenden Wirtschaftens und Begegnens. Der Euro erübrigt die Wahl unter verschiedenen nationalen Währungen, weltweit einheitliche Vorstellungen vom zivilrechtlichen Vertrag geben dem Welthandel eine gemeinsame rechtliche Grundlage, Bemühungen um eine völkervertragliche Vereinheitlichung der Gerichtszuständigkeiten sollen die Wahl des Gerichtsstandes und damit der Chance erhöhter Schadensersatzansprüche ausschließen, ein OECD-Musterabkommen will die Grundregeln der internationalen Besteuerung auf einheitliche Prinzipien zurückführen.

Insoweit steht das Recht nicht in Alternativen zur Verfügung, die im Wettbewerb erreicht werden könnten, sondern ist Grundlage jeden Wettbewerbs. Demokratische Staaten umwerben nicht Kunden, sondern dienen ihren Staatsbürgern. Sie erfüllen ihre Aufgaben vielfach in gegenseitiger Abstimmung, ohne dabei einem Kartellverbot zu unterliegen. Sie suchen den anderen Staat nicht in „feindlicher" Übernahme zu verdrängen, sondern garantieren im Rahmen der UNO und der Europäischen Union dessen Status. Vor allem aber wird das Recht einseitig gesetzt, ohne Entgelt und Gegenleistung zu erwarten. Deshalb sollte jede bevorzugende Ansiedlungspolitik, die als „Entgelt" Steuereinnahmen erwartet, als bestechungsähnlicher Leistungsaustausch strikt untersagt sein. Der Gleichheitssatz fordert die Zuteilung von Rechten unabhängig von der Steuerkraft. Ebenso verbietet er einen Steuervorteil für den Ansiedlungsbereiten, weil Steuern nach Einkommen und Kaufkraft, nicht nach einem „Ansiedlungswettbewerb" bemessen werden. Der Rechtsstaat verfügt nicht individuell je nach Gegenleistungsangebot über Rechte – seien es Gewerbekonzessionen, Baugenehmigungen, Emissionsrechte, Subventionen oder Steuerpflichten. Jede Annäherung an Tauschprinzipien beschreitet den Weg zur Korrumpierung.

Deshalb muss die Tauschgerechtigkeit wieder strikt auf die Verständigung über verfügbare Leistungen begrenzt, der Staat hingegen in den Maßstäben der Beteiligungsgleichheit gebunden werden. Die Tauschgerechtigkeit gilt für die öffentliche Hand nur, soweit der Staat seine Haushaltsmittel zum Erwerb von Waren und Dienstleistungen einsetzt. Im übrigen folgt er – auch bei Subventionen und Steuerlasten – dem Prinzip der Gleichheit vor dem Gesetz, das abweichende Vereinbarungen ausschließt.

In dieser Unterscheidung wird sichtbar, dass das Geld in öffentlicher Hand eine andere Funktion gewinnt als in privater

Hand. Der Freiheitsberechtigte besitzt im Geld Verfügungsmacht zu beliebiger vertraglicher Gestaltung, der freiheitsverpflichtete Staat verwendet sein Geld nach den Vorgaben von Gesetz und Recht. Der Private erzielt Geldeinnahmen aufgrund Vertrages und dank vertraglicher Geschicklichkeit, der Staat nimmt Steuer- und Abgabeerträge strikt nach Gesetz entgegen. Beim Privaten ist der individuelle Vertragswille Rechtsgrund für Geldansprüche und Geldverpflichtungen, beim Staat liegt die Entscheidungshoheit über Steuern und Haushalt beim Parlament, das in der Formenbindung des generell-abstrakten Gesetzes und in der materiellen Verpflichtung auf den Gleichheitssatz seine Entscheidungen trifft. Geld in privater Hand bietet eine Blankovollmacht für beliebiges wirtschaftliches Handeln, Geld in öffentlicher Hand ist Treuhandvermögen, das vom Parlament als dem Repräsentanten des Treugebers, der Steuerzahler, im Dienst dieser Allgemeinheit verwendet werden muss.

5. Die Finanzausstattung des Staates

Der Staat erwirtschaftet seine Steuererträge deswegen nicht im Leistungstausch, sondern durch steuerliche Teilhabe am Erfolg privaten Wirtschaftens. Zwar gibt der Staat das Steueraufkommen insgesamt durch Staatsleistungen an die Allgemeinheit der Steuerpflichtigen zurück. Diese Leistungen bestehen aber in Staatsorganen und Staatsorganisationen, im Setzen und Durchsetzen von Recht, in der Gewähr von Sicherheit durch Polizei und Verteidigungskräfte, in der Erschließung von Gütern im Gemeingebrauch und in der Krisen- und Daseinsvorsorge.

Wollte der Staat für die gewährte Sicherheit bei allen Haushaltungen monatlich eine Sicherheitsgebühr eintreiben, für die rechtliche Befähigung zum rechtsverbindlichen Vertragsschluss eine Vertragsgebühr erheben, für die Ausbildung von

Hochschulabsolventen von deren zukünftigem Arbeitgeber eine Hochschulabschlussgebühr fordern, so verlöre er die innere Souveränität und Unbefangenheit. Er könnte Rechte nur noch nach Zahlungsfähigkeit und Zahlungsbereitschaft zuteilen, müsste seine Leistungen jeweils in einzelne Leistungsrechtsbeziehungen aufsplitten und auf Gegenleistungen ausrichten, hätte auf alle sozialstaatlichen Leistungen nach Bedarf zu verzichten, könnte Leistungsschwache weniger an das allgemeine Leistungsniveau heranführen und müsste mehr die gegenwärtig Leistungsstarken entsprechend ihrer Nachfrage mit Staatsleistungen bedienen. Das demokratische Staatsvolk verlöre den inneren Zusammenhalt in der Bürgergleichheit, die Republik ihre Allgemeinverantwortlichkeit gegenüber jedermann ungeachtet von Verdienst und Leistung.

Das Grundgesetz hat die Grundsatzentscheidung getroffen, dass der Staat sich nicht durch eigenhändige Unternehmertätigkeit finanziert, er also nicht als Herrscher über Preise und Löhne im wirtschaftlichen Wettbewerb seinen Gewinn sucht, er sich vielmehr durch steuerliche Teilhabe am Erfolg privaten Wirtschaftens, also aus Steuererträgen finanziert. Wenn das Grundgesetz in der Garantie von Berufsfreiheit (Art. 12) und Eigentümerfreiheit (Art. 14) die Produktionsfaktoren Kapital und Arbeit strukturell in private Hand gibt, so bleibt ihm nur die Möglichkeit, steuerlich an der Produktivität privaten Wirtschaftens teilzuhaben. Die Steuerfinanzierung beweist die Freiheitlichkeit der konkreten Wirtschaftsverfassung.

Wenn der Gesetzgeber sodann über die konkreten Zugriffsstellen des Steuerrechts entscheidet und bestimmt, ob der Mensch je Kopf, Grundstück, Gewerbebetrieb, Luxusaufwand, Einkommen oder Umsatz belastet werden soll, so sucht er wiederum die freiheitsschonendste Belastung. Er mindert nicht einen dem Eigentümer und Erwerbstätigen auf Dauer zustehenden Bestand, belastet also nicht seine Arbeitskraft, sein Gewerbekapital, sein

Vermögen, in dieser Struktur auch nicht sein Grundstück, sein Kraftfahrzeug oder seinen Hund, sondern begründet Zahlungspflichten immer dann, wenn der Steuerpflichtige die Erwerbs- und Tauschmöglichkeiten der Rechtsgemeinschaft genutzt und dadurch einen individuellen wirtschaftlichen Vorteil erzielt hat. Wer einen erreichbaren Vorteil mindert, belastet weniger, als wer einen vorhandenen Bestand verringert.

Deshalb entsteht eine Einkommensteuer, wenn der Steuerpflichtige das staatliche Vertragsrecht und seine Gerichte genutzt hat, um eine gewinnträchtige Vereinbarung zu treffen und durchsetzen zu können, im Maß des staatlichen Währungsrechts seinen Preis bestimmen konnte, dem staatlichen Schul- und Bildungssystem seine qualifizierten Arbeitskräfte verdankt, sein Leistungsangebot durch die Nachfragekraft der Rechtsgemeinschaft zu einem Einkommen geführt hat. Diese Nutzung von Markt und Recht rechtfertigt die Einkommensteuer, macht sie aber nicht zum Leistungsentgelt. Belastungsgrund ist nämlich nicht ein individueller Austausch von Erwerbsmöglichkeiten und Steuern, sondern der generelle Finanzbedarf des Staates, der dort steuerlich befriedigt wird, wo der Mensch seine Zugehörigkeit zu Staat, Rechts- und Marktgemeinschaft individuell genutzt hat.

Der Steuerpflichtige zahlt seine Steuer insbesondere, weil sein Leistungsangebot einen Nachfrager gefunden hat, der seine Leistung zu erkennen und durch Honorierung anzuerkennen bereit und in der Lage ist. Van Gogh konnte kaum eines seiner Bilder verkaufen; heute erzielen wir für seine Werke Millionenentgelte. Schumann ist in Armut gestorben, obwohl seine Kompositionen noch heute die Konzertsäle füllen. Nicht die Leistung allein, sondern erst die durch entgeltbereite Nachfrage bestätigte Leistung begründet Einkommen. Deswegen ist es gerechtfertigt, diese Rechtsgemeinschaft steuerlich am individuellen Einkommenserfolg teilhaben zu lassen.

Gleiches gilt für die indirekten Steuern. Wer einen 500-Euro-Schein in der Tasche trägt und einen gewaltigen Durst verspürt, wird in Deutschland einen vergnüglichen Abend vor sich haben; stünde er in der Wüste, würde er verdursten. Auch hier rechtfertigt die von der Staats- und Marktgemeinschaft bereitgestellte Infrastruktur den steuerlichen Zugriff: Wer seine Kaufkraft zum Erwerb der von ihm gewünschten Leistung einsetzen konnte, muss einen maßvollen Teil dieser Kaufkraft zur Finanzierung der Gesamtstruktur abgeben. Die freiheitskonformen Zugriffsstellen für die Steuer sind strukturell das Einkommen und der Umsatz.

Das moderne Steuerrecht belastet deshalb nicht die bloße Leistungsfähigkeit nach dem Prinzip: Wer hat, der soll geben. Sie rechtfertigt den steuerlichen Zugriff vielmehr aus dem Zuwachs an Leistungsfähigkeit, der aus einem von der Rechts- und Marktgemeinschaft abgeleiteten Vorteil erwächst. Dieser Vorteil liegt in dem Zuwachs an individueller Finanzkraft, den der Steuerpflichtige nicht durch Leistungstausch mit dem Staat, sondern am Markt erworben hat, der aber Rahmenbedingungen braucht, die durch die Rechtsgemeinschaft und den Markt bereitgestellt worden sind. Der Steuerpflichtige zahlt Steuern, weil er eine Erwerbsgrundlage vorgefunden hat und auch in Zukunft nutzen will, die erst sein Einkommen und seinen Umsatz möglich machen. Steuerlicher Belastungsgrund ist der Erfolg privatwirtschaftlichen Tauschens, auf den der Staat nach dem Prinzip der gleichen Teilhabe und der maßvollen Last steuerlich zugreift.

Dieses Prinzip einer gleichen Besteuerung privatnützigen Leistungserfolges steht grundsätzlich Steuerprivilegien entgegen. Die Steuer ist ein Finanzierungsmittel, kein Instrument, um den Bürger zu lenken oder bestimmte Verhaltensweisen zu prämieren. Das geltende Steuerrecht steckt insoweit in einer Krise, die nach energischer rechtsstaatlicher Reform verlangt. Es bietet dem Steuerpflichtigen steuerliche Entlastung an, wenn er in bestimmten Regionen investiert, Finanzfonds zeichnet, denkmalgeschützte Bauwerke nutzt oder einer Verlustzuweisungsgesellschaft beitritt und damit einer Erwerbsgemeinschaft angehört, die zumindest steuerlich nach dem Gegenteil des Gewinns strebt.

Durch diese steuerlichen Anreize wird der Steuerpflichtige zu wirtschaftlichen Entscheidungen veranlasst, die er allein aus wirtschaftlicher Vernunft nicht treffen würde. Er investiert um des steuerlichen Vorteiles willen in Wohn- und Büroräume, die sich später nicht vermieten und deshalb auch nicht veräußern lassen. Die Steuer wird zum Anreiz, um Kapital fehlzuleiten und zu vernichten. Der aktuelle Streit um die „Schrottimmobilie" belegt die Kraft dieser Verführung: Anleger haben im blinden Streben nach Vorteilen eine Immobilie gekauft, die sich als „Schrott" erweist, haben also Geld verbrannt. Diese Fehllenkung ist strukturell in der Steuervergünstigung angelegt: Verhaltensweisen, die der Steuerpflichtige aus eigener wirtschaftlicher Vernunft wählt, brauchen keinen steuerlichen Anreiz. Der Steueranreiz übernimmt die Funktion, den Menschen in die ökonomische Unvernunft zu führen. Der Steuerverzicht ist ein Geldgeschenk, das weder von der steuerlichen Lastengleichheit noch von einer Tauschgerechtigkeit gerechtfertigt werden kann. Es widerspricht den Prinzipien von Rechtsstaat, Demokratie und Steuerstaatlichkeit.

6. Die entgeltwürdige Leistung

Geld und Einkommen werden dank individueller Leistung erworben. Erwerbsgrund ist in der Regel die menschliche Arbeit, daneben auch der Einsatz von Kapital, das dem arbeitenden Menschen die zum Erwerb notwendigen Instrumente, Organisationsstrukturen und sonstigen Arbeitshilfen bietet. Der Gelderwerb durch Arbeitslohn oder Arbeitsgewinn ist anerkannt. Allerdings gilt nicht die Umkehrung, dass jede ertragreiche Leistung auch zu einem Einkommen führt. Ehrenamtlich Tätige lassen uns täglich erleben, dass auch die selbstlose Arbeit Sinn stiftet und individuelle Anstrengung auch in anderen Erfolgen als dem Erwerb ihr Ziel findet. Ehrenamt und Selbstlosigkeit sind eine der Grundlagen unserer freiheitlichen Gesellschaft und Kulturstaatlichkeit.

Diese Kraft zur mitmenschlichen Zuwendung, zum lebensbegleitenden Verstehen, zur Verpflichtung gegenüber Gemeinwohl und individueller Bedürftigkeit sollte allgemein anerkannt werden, insbesondere durch öffentliche Ehrungen, durch Aufmerksamkeit und Würdigung in den Medien, durch Beteiligung der Ehrenamtlichen an öffentlicher Rede und Repräsentation. Zeitungen, Rundfunk und Fernsehen sollten sich den Erfolgen des Ehrenamtes in ähnlicher Weise widmen wie den Ergebnissen von Wirtschaft und Politik. Vielleicht könnte, wenn täglich der DAX über die Wertentwicklung der dreißig besten deutschen Unternehmen berichtet, einmal im Monat ein Kultur-DAX über die Leistungen des Ehrenamtes informieren. Andererseits liegt die Anerkennung des Ehrenamtes gerade nicht in seiner Honorierung. Würde die selbstlose Tätigkeit im Dienste des anderen Menschen honoriert und kommerzialisiert, würden Hilfs- und Zuwendungsbereitschaft in Strukturen einer Tauschgerechtigkeit verkümmern und veröden. Deswegen wird eine Leistungsgesellschaft verstärkt das Bewusstsein entwickeln müssen, dass der Wert einer Leistung sich nicht allein nach dem dadurch erzielten Einkommen bemisst.

Viele Arbeitsleistungen sind qualifizierende Vorstufen für zukünftige Berufstätigkeiten, in denen der Qualifizierte Begegnung, Anerkennung und Einkommen erreichen will. Die Leistung des Schülers und Studenten erstrebt förmliche Anerkennung seiner intellektuellen und beruflichen Qualifikation, die ihm verbesserte Lebensbedingungen, Berufschancen und Anerkennungen erschließt.

Daneben erbringen Menschen aber individualnützige und gemeinschaftsdienliche Leistungen, die durch Einkommen anerkannt werden sollten. Wenn die Eltern, traditionell die Mütter, Kinder hervorbringen und erziehen, sichern sie der Rechtsgemeinschaft in der nachfolgenden Generation die Zukunftsfähigkeit, ohne die eine Demokratie ihr Staatsvolk verlieren, die Wirtschaft ihre Zuwachsraten einbüßen, dem Generationenvertrag der zweite Vertragspartner wegbrechen würde. Deutschland braucht gegenwärtig nicht mehr Autos und mehr Computer, sondern mehr Kinder.

In unserer Gesellschaft wird Anerkennung vor allem durch Einkommen vermittelt, sind *honor* und Honorar nahe verwandt. Deshalb liegt es nahe, auch die Eltern wegen ihrer Erziehungsleistung an den Einkommensströmen zu beteiligen. Die Erziehungsleistung ist nicht nur entgeltwürdig, wenn sie von der Kindergärtnerin, der Sozialtherapeutin oder dem Lehrer erbracht wird, sondern ebenso, wenn die Eltern ihre Kinder – rund um die Uhr und ohne Urlaubszeiten – erziehen und ein Leben lang verantwortlich begleiten. Das Bundesverfassungsgericht fordert deshalb im Sozialversicherungsrecht wie im Steuerrecht die Anerkennung der Erziehungsleistung auch bei Bemessung der Versicherungsleistungen und der Steuerlast. Es spricht nicht mehr nur vom Familienlastenausgleich, der an den Kriegsfolgenlastenausgleich erinnert und auf die Kompensation eines Unglücks verweist, sondern von Familienleistungsausgleich, um den finanziellen Ausgleich einer erbrachten Leistung zu fordern. Unsere Leistungsgesellschaft muss auch hier über Individualvertrag und Tauschgesellschaft hinausdenken und auch die Leistungen durch Zuteilung von Einkommen honorieren, die zwar nicht gegenwärtig dem Vertragspartner zugewendet werden, langfristig aber für alle Rechtsbeteiligten –

ihr individuelles Wohlergehen und die Entwicklung der Rechts- und Marktgemeinschaft – wesentlicher sind. Die Maßstäbe zur Verteilung von Einkommen sind deshalb fehlerhaft, die Verteilungsgerechtigkeit bei der Verfügung über Geld ist nicht gewahrt. Unsere Leistungsgesellschaft muss sich auf ihr Grundprinzip besinnen und die elterliche Erziehungsleistung entgelten. Gefordert ist ein Familieneinkommen, das sich aus der elterlichen Erziehungsleistung rechtfertigt.

Verfassungsrechtlich geboten ist eine vorrangige Berechtigung der Eltern im Generationenvertrag, die zu diesem „Vertrag" das Wesentliche, den zweiten Vertragspartner, beigetragen haben. Auch ist dem Gesetzgeber aufgegeben, die steuerlichen Lasten so zu bemessen, dass die Familien nicht übermäßig besteuert werden. Eltern können bei der Einkommensteuer den Teil ihres Einkommens, der dank Unterhaltspflicht gegenüber den Kindern für sie nicht verfügbar ist, für Steuerzahlungen nicht verwenden; deshalb muss das Einkommen in Höhe der Unterhaltspflicht von der einkommensteuerlichen Bemessungsgrundlage abgezogen werden. Die indirekten Steuern haben den existenznotwendigen Bedarf – insbesondere bei der Umsatz- und bei der Öko-Steuer – zu entlasten, weil die Familien oft ihr gesamtes Einkommen konsumieren müssen, deshalb gegenwärtig die höchste Last indirekter Steuern auf ihr Einkommen zu tragen haben, während Kinderlose mit gleichem Einkommen einen Teil sparen und investieren und insoweit die indirekte Steuer gänzlich vermeiden können.

7. Die Überforderung des sozialen Staates

Das Postulat einer leistungsgerechten Zuteilung von Einkommen darf den Staat nicht überfordern. Gegenwärtig belasten Staat und Gesellschaft die nachfolgende Generation durch eine überhöhte Staatsverschuldung. Gesetze verrechtlichen wünschenswerte Staatsleistungen zu Ansprüchen unabhängig von deren Finanzierbarkeit. Der Finanzstaat begünstigt in Steuerprivilegien und Leistungssubventionen eine Klientel der Mächtigen und Einflussreichen, erfährt dadurch aber nicht die Dankbarkeit der Beschenkten, sondern veranlasst weitere Forderungen nach immer neuen Staatsleistungen. Deswegen ist das Recht der Staatsleistungen und steuerlichen Ausnahmen prinzipiell zu überprüfen.

Die Staatsleistung hat strikt dem Bedarfsprinzip zu folgen und damit eine Immunität gegen Interessengruppen zu entwickeln. Das Steuerrecht ist nur als Finanzierungsinstrument gerechtfertigt, das allein dem Prinzip der Lastengleichheit folgt und auf steuerliche Lenkungen verzichtet. Die Staatsleistungen sind insgesamt, soweit sie nicht durch einen Leistungstausch veranlasst werden, dem Grunde, zumindest aber der Höhe nach an die jährlichen Haushaltsmittel zu binden. Der Kredit sollte für den Staat als Finanzierungsinstrument ausgeschlossen werden. Auf dieser Grundlage eröffnet sich eine gesetzgeberische Perspektive, den staatlichen Steuerertrag zunächst für die unverzichtbaren Pflichtaufgaben des Staates einzusetzen, dann den Bedürftigen ein Existenzminimum zu sichern, in dritter Dringlichkeit die Familienleistungen zu entgelten. Der Rechtsstaat gewinnt seine Gerechtigkeit vor allem in einer zukunftsgerechten Gestaltung der Lebens- und Freiheitsbedingungen seiner Bürger. Der Bürger erwirbt Einkommen durch eigene Leistung. Dieses Grundprinzip lehrt uns wiederum Montesquieu: Die nach damaligem Staatsverständnis gesunde demokratische Struktur des alten Rom ging verloren, als der Staat den Römern das anstrengungslose, aus Kriegsbeute zu finanzierende Einkommen versprach und die Römer deshalb ihre Berufsqualifikation, Erwerbsanstrengung und Zukunftsvorsorge nicht mehr pflegten, weil sie alles Lebensnotwendige vom Staat erwarteten. Der deutsche Staat verspricht seinen Bürgern zwar nicht das anstrengungslose Einkommen, bemisst aber viele Staatsleistungen unabhängig von Bedarf und Leistung, lockert in einer überbordenden sozialen Daseinsvorsorge die innere Bindung in Ehe und Familie, gefährdet damit seine eigene Zukunft. Gerade die moderne Geldwirtschaft führt zu den von Montesquieu genannten Untergangsmaßstäben. Sie sagen uns nicht nahes Unheil voraus, sondern empfehlen Abhilfemöglichkeiten gegen das drohende Unheil.

V. Nationale Rechtskultur in Europa

Die staatliche Gewähr von Frieden, Freiheit und Existenzsicherheit setzt traditionell eine Nation, eine Demokratie, ein Staatsvolk, eine gemeinsame Kultur in Sprache, Geschichte und Lebensauffassung voraus. Zu diesen Bedingungen der Staatlichkeit tritt die Weltoffenheit, die Begegnung mit anderen Kulturen hinzu. Im weltweiten Reisen, Wirtschaften und Austauschen bietet der Staat einen verlässlichen Ausgangs- und Rückkehrpunkt, empfängt aber auch einen Erneuerungsauftrag: Er muss einer weltoffen erlebten Freiheit ein kulturelles Fundament bieten, die Bedingungen der eigenen Kultur als Grundlage für Demokratie und Rechtsstaatlichkeit wahren, sollte auch anderen Rechtsgemeinschaften die kulturellen Voraussetzungen dieser Freiheit anbieten.

Erste Voraussetzung einer freiheitlichen Demokratie ist die Nation, ein in den Vereinten Nationen anerkannter, in Deutschland aber schwieriger Begriff (1.). Der deutsche Verfassungsstaat ist besonders auf eine Europa- und Weltoffenheit angelegt, bestätigt in seiner Mitgliedschaft im europäischen Staatenverbund seine Zugehörigkeit zu Europa (2.) und bietet Europa bei seiner Suche nach seinen Werten eine auch in Deutschland geformte und erprobte europäische Kultur (3.). Die Fortbildung des Europäischen Unionsvertrages soll die Wirtschaftsgemeinschaft zu einer politischen Wertegemeinschaft umgestalten, dabei aber den Staatenverbund nicht zu einem Bundesstaat werden lassen; sie ist also keine Verfassunggebung, sondern eine Vertragsänderung (4.). Europa braucht gegenwärtig nach der Erweiterung der Mitglieder um zehn Staaten und den fortgesetzten Bemühungen um eine Verdichtung der europainternen Rechtsbindung eine innere kulturelle Mitte (5.), bietet dem herkömmlichen Gedanken der Gewaltenteilung eine moderne Bewährungsprobe (6.) und bedarf angesichts der neuen Anfragen an das Europarecht einer grundlegenden Reform (7.).

1. Die Nation

Der Bürger findet seine politische Mitte in seinem Staat, der ihm ein Leben in Frieden, in der ihm vertrauten Kultur, in verfassungsrechtlich gewährter Freiheit garantiert. Diesem Staat wächst gegenwärtig die zusätzliche Aufgabe zu, in der Vielfalt und Vielsprachigkeit der völkerrechtlichen und europarechtlichen Rechtsbindungen alle in Deutschland geltenden Normen zusammenzuführen, inhaltlich aufeinander abzustimmen, in deutscher Sprache zu übermitteln und unter den Bedingungen des nationalen Rechts zur Wirkung zu bringen.

Der Staatsbürger sieht sich aber nicht nur der Gewalt seines Staates gegenüber, der seine Sprache spricht, seine Kultur und Geschichte teilt, ihm in verfassungsrechtlicher Gebundenheit und politischer Orientierung vertraut ist, sondern erlebt zugleich eine europäische Hoheitsgewalt, die durch ihm meist unbekannte Personen verkörpert wird, ihm in nur wenig sichtbaren und geläufigen Organen begegnet, ihn in einem fern und fremd erscheinenden Recht betrifft. Das Staatsvolk erlebt seine Zusammengehörigkeit als französisches, englisches, italienisches oder deutsches Volk, es baut nicht auf eine Zusammengehörigkeit im Verbund dieser Völker. Der Unionsbürger erfährt die Europäische Union vor allem in ihrem Kernbereich einer Wirtschaftsgemeinschaft, die den Menschen in den Prinzipien von Marktfreiheit und Wettbewerb als Produzenten und Konsumenten sieht, ihn aber weniger in seinen kulturellen und familiären Rechten zur Entfaltung bringt.

Gerade in der gegenwärtigen Rechtswirklichkeit sich überschneidender, teilweise auch gegenläufiger Rechtskreise braucht der Mensch die Kulturgemeinschaft des demokratischen Staatsvolkes, das sich auf der Grundlage einer gemeinsamen Geschichte, einer prinzipiell lebenslänglichen Staatsangehörigkeit, einer geografischen und kulturellen Nähe und gemeinsamer wirtschaftlicher Anliegen zusammengehörig weiß, sich Organe gibt, um ein in dieser Gemeinschaft verbindliches Recht zu setzen und durchzusetzen. Dieser für die Demokratie notwendige Befund eines vorgefundenen Staatsvolkes bildet den Ausgangsgedanken der Nation. Eine in ihrer Kultur verbundene Gemeinschaft von Menschen nutzt diese Zusammengehörigkeit, um daraus einen demokratischen Staat, eine der Freiheit des einzelnen verpflichtete Rechtsgemeinschaft, eine Gruppe sozialen Zusammenhalts zu bilden. Dieser Zusammenhalt ist der Kern der Nation.

Deswegen definieren sich fast alle Staaten dieser Erde selbstbewusst als Nationen, die in der UNO vereint sind. In Deutschland allerdings ist der Begriff der „Nation" ein schwieriger. Schon das Heilige Römische Reich deutscher Nation hatte nicht die Kraft, die Partikularinteressen der Fürsten in der deutschen Sprach- und Kulturgemeinschaft so zu einigen, dass sie dem Kaiser für seine nationalen Aufgaben die notwendige Grundausstattung bereitgestellt hätten. Die konfessionelle Teilung in Deutschland hat dann eher Kriege verursacht, als dass sie nationale Verwaltungseinheiten zugelassen hätte, wie sie in der Nachbarschaft Deutschlands fast selbstverständlich entstanden sind. Später stand der Gegensatz zwischen Preußen und Österreich der Bildung einer Nation entgegen. In der Paulskirche sprachen die Abgeordneten beim Bemühen um eine deutsche Verfassung von einem Volk ohne Nation. In der ersten Hälfte des vergangenen Jahrhunderts ist dann der demokratisch-rechtsstaatliche Gedanke der Nation zum Nationalen verkümmert, hat sich in einer verfremdenden Kombination von

„National-" und „Sozialismus" schlechthin diskreditiert. Die Folge war eine Teilung Deutschlands in zwei Staaten, die, trotz des jahrzehntelang wirksamen Wiedervereinigungsvorbehalts, eine innere Zugehörigkeit der Staatsbürger zu ihrer Nation erschwerte und letztlich in einem eher formalen Verfassungspatriotismus seine politische Mitte suchte.

Erst in der Gegenwart des wiedervereinigten Deutschlands, seiner gefestigten staatlichen Struktur und staatspolitischen Aufgabe ist es wieder möglich, Deutschland in derselben Selbstverständlichkeit, wie es im Sprachgebrauch der Vereinten Nationen und des europäischen Unionsvertrages üblich ist, als Nation zu bezeichnen, die strukturellen Garantien der Staatsverfassung in der nationalen Kultur der ihr zugehörigen Menschen zu verankern. Erst in diesem Tatbestand einer kulturell verwurzelten, verfassungsrechtlich geformten Nation begreift Deutschland sich wieder als gleichberechtigtes Mitglied in der Staatengemeinschaft und wird von den anderen Staaten auch so gesehen und anerkannt.

2. Der Staatenverbund

Jeder Staat beansprucht Staatshoheit, die oberste und letzte Gewalt, um Recht und Frieden nach innen zu gewährleisten, die Unabhängigkeit von anderen Staaten zu wahren und die staatliche Gemeinschaft gegenüber Dritten zu repräsentieren. Die Hoheit des Staates sichert den Zusammenhalt im Staat, wenn Gruppen seine Einheit gefährden oder die Autorität des Rechts und damit den inneren Frieden schwächen. Auch nach außen beansprucht der Staat die Souveränität, gegenüber anderen Staaten mit der maßgeblichen Stimme für das Staatsvolk zu sprechen, über das eigene Gebiet zu bestimmen, über die Rechtsbeziehungen zu anderen Staaten zu entscheiden.

Allerdings übersteigen die Staatsaufgaben von jeher die Leistungsfähigkeit eines einzelnen Staates. Universale Menschenrechte wurzeln in einer staatenübergreifenden Wertegemeinschaft und drängen auf internationale Gewährleistungs- und Kontrollsysteme. Der Weltfrieden ist nur in einem weltweiten System kollektiver Sicherheit zu gewährleisten. Global tätige Wirtschaftsunternehmen nutzen den Weltmarkt und stellen den Heimatmarkt einer Nationalökonomie in Frage. Der Umweltschutz fordert gemeinsame, generationenübergreifende Vorkehrungen aller Staaten. Informations- und Nachrichtensysteme nehmen Landesgrenzen nicht zur Kenntnis. Wanderungsbewegungen von Immigranten und Flüchtlingen erreichen mehrere Kontinente. Wissenschaft und Technik pflegen seit Jahrhunderten die Zusammenarbeit in aller Welt. Die Medien, der Sport und das Reisen finden nur noch im staatenübergreifenden Recht ausreichende Maßstäbe. Die Staaten sind deshalb auf die Zusammenarbeit in inter- und supranationalen Organisationen angelegt.

Diese kooperationsoffene Staatensouveränität ist historisch überkommen. Das römische Recht hat vor 200 Jahren eine europäische Wirtschaftsgemeinschaft begründet, die dem Wirtschaften ein gemeinsames Recht in gemeinsamer – lateinischer – Sprache zugrunde legte. Die katholische Kirche hat jahrhundertelang ihren Einfluss im Dienst einer europaweit geltenden Werteordnung auf die Staaten und deren Vorläufer ausgeübt. Die Hansestädte haben eine Art teileuropäischer Wirtschaftsgemeinschaft entwickelt und praktiziert. Adelsfamilien in Europa haben das Familien- und Erbrecht genutzt, um staatenübergreifende politische Gemeinschaften zu begründen.

Wechselseitige Bindung und rechtlicher Zusammenhalt unter Staaten ist also für die Rechtsgeschichte in Europa geläufig. Allerdings hat die Europäische Gemeinschaft dieses Prinzip am deutlichsten ausgeprägt, als sie einen „Staatenverbund zur Verwirklichung einer immer engeren Union der – staatlich organisierten – Völker Europas" organisierte, wie es das deutsche Bundesverfassungsgericht qualifiziert. Die Eigenart dieser in der Chiffre der Überstaatlichkeit (Supranationalität) angedeuteten Besonderheit dieser Gemeinschaft liegt in der erheblichen, aber begrenzten Fülle von Hoheitskompetenzen in Händen der fortschreitend stärker werdenden Gemeinschaftsgewalt, dem begrenzten Vorrang des Gemeinschaftsrechts vor dem nationalen Recht und der unmittelbaren – nicht jeweils durch nationale Organe vermittelten – Geltung des Europarechts in den Mitgliedstaaten.

Allerdings verfügt die Europäische Union nicht über eine eigene Finanzgewalt; sie finanziert sich vielmehr durch Anteile und Zuweisungen aus mitgliedstaatlichen Steuererträgen. Sie hat kaum eigene Vollstreckungsorgane, ist deshalb auf die Vollzugsorgane ihrer Staaten angewiesen. Sie wird getragen von der langfristigen, aktuellen Zustimmung ihrer Mitgliedstaaten, die Herren der Verträge sind und auch das Recht hätten, aus der Union auszutreten. Die wesentliche demokratische Legitimation empfängt die Europäische Union als Gemeinschaft ihrer Mitgliedstaaten durch die nationalen Staatsvölker und ihre Parlamente, nicht durch ein – nichtexistierendes – europäisches Staatsvolk und das „Europäische Parlament", das nicht Gesetz- und Budgetgeber ist, vielmehr an der Gesetzgebung und Haushaltsplanung durch den Europäischen Rat, ein Exekutivorgan, beteiligt ist.

Der Charme dieser Europäischen Union liegt darin, dass sie stets in Entwicklung, ständig eine Baustelle ist, deswegen auf Erneuerung und Erweiterung drängt. Sie bindet keinen Mitgliedstaat in der Zwangsjacke unausweichlicher Mitgliedschaft, wird vielmehr von der aktuellen Zustimmung der Mitgliedstaaten getragen. Die Europäische Union bietet die historisch einmalige Chance eines gefestigten, stetigen Friedens in Europa, eines freien Wirtschaftens und wissenschaftlichen Austausches im europäischen Binnenmarkt, einer gemeinsamen Vertretung europäischer Interessen in der Weltgemeinschaft der Staaten und auf den Weltmärkten, vielleicht auch einer gemeinsamen europäischen Wertungsmitte in einer europaeigenen Kultur der Freiheit und Demokratie.

3. Von der Wirtschaftsgemeinschaft zur politischen Wertegemeinschaft

Europa ist gegenwärtig auf dem Weg, die in seiner Tradition entwickelten und gefestigten Werte zum Fundament der Rechtsgemeinschaft zu machen, Europa in europäischen, kulturbestimmten Werten Festigkeit und Nachhaltigkeit zu geben. Gegenwärtig ist die Europäische Union eine Gemeinschaft der großen Zukunftsversprechen und der kleinen Gegenwartsschritte. Die Union verheißt eine Grundrechte-Charta, die bis heute nicht geltendes Recht geworden ist, allerdings vom Europäischen Gerichtshof wie Recht gehandhabt werden soll. Die Union stellt einen Verfassungsvertrag in Aussicht, obwohl eine Verfassung im Rechtssinne – die Grundordnung eines Staates – nicht gemeint ist und auch ein Verfahren der Verfassunggebung durch die Staatsvölker und ein europäisches Staatsvolk nicht eingeleitet wird. Europa organisiert Wahlen zu einem Europäischen „Parlament", das allerdings weder die Gesetzgebungskompetenzen noch die Budgethoheit besitzt. Die Gemeinschaft zielt in der Präambel auf eine „immer engere" Union, leitet also eine Integrationsdynamik ohne Haltepunkt ein und verkennt damit die Funktion des Rechts als einer Kultur des Maßes. Der Vertrag verkündet eine Wirtschafts- und Währungsunion, auch wenn gegenwärtig allein die Währungsunion Wirklichkeit geworden ist. Er spricht vom „Unionsbürger", obwohl die Union keine Personalhoheit hat und es ein europäisches Staatsvolk nicht gibt. Auch die Benennung der Union als „Europäische" bezeichnet die Gemeinschaft, die sie werden will, nicht diejenige, die sie gegenwärtig – als teileuropäische Union – ist.

Dennoch ist die Europäische Union keine Gemeinschaft der großen Worte, sondern ein Staatenverbund mit einer europäisch fundierten Wertungsmitte. Europa prägt in seiner christlichen, in Humanismus und Aufklärung vertieften Vorstellung von der Menschenwürde, die jedem Menschen Individualität, Existenzsicherheit und Freiheit zuspricht, ein Fundamentalprinzip des Rechts, das die gewachsene europäische Kultur der Gegenwart bestimmt und deshalb für die Union bestimmend sein kann. Aus diesem Prinzip erwächst der Anspruch der freiheitsberechtigten Bürger, demokratisch auf die Hoheitsgewalt einzuwirken, sie durch Wahlen zu legitimieren oder auch abzulösen. Ein wirksamer Schutz der Menschenwürde und der daraus folgenden Menschenrechte führt zu den Grundrechten, zu den Institutionen der Gewaltenteilung und dort insbesondere zu den Gerichten, die den Gewaltunterworfenen in Waffengleichheit die rechtliche Gegenwehr gegen hoheitliches Unrecht erlauben.

Allerdings hatte der „Verfassungskonvent" nicht die Kraft, diese kulturellen Wurzeln der europäischen Werteordnung zu benennen. Der Vorschlag, in der Präambel vom Christentum als dem Fundament und geistig-religiösen Erbe Europas zu sprechen, in dem sich die Union auf die unteilbaren und universalen Werte der Würde des Menschen, der Freiheit, der Gleichheit und der Solidarität gründe, ist nicht verwirklicht worden. Diese Aussage ist zwar historisch offensichtlich richtig. Sie ist jedoch in den Vertragsentwurf nicht übernommen worden, weil die Mitgliedstaaten unterschiedliche Vorstellungen von der Religionsfreiheit entwickelt haben. Während viele Staaten insbesondere im anglo-amerikanischen Rechtskreis unter

Religionsfreiheit die Freiheit der Religionen vom Staat verstehen, weil ihre Geschichte staatliche Bevormundung von Religion und Kirche erlebt hat, deutet Frankreich die Religionsfreiheit als Freiheit des Staates von der Kirche, weil die Kirche über viele Jahrhunderte den französischen Staat und seine Vorläufer dominiert hat. Das deutsche Staatskirchenrecht sieht Staat und Kirche als Nachbarn, die eine gemeinsame, wenn auch andersartige Verantwortlichkeit für denselben Menschen trifft, der Staatsbürger und Kirchenmitglied zugleich ist.

In der Rechtspraxis allerdings hat der Europäische Gerichtshof bisher die aus diesem geistig-religiösen Erbe folgenden Menschenrechte rechtsvergleichend aus den mitgliedstaatlichen Verfassungen abgeleitet und europäische Hoheitsakte daran gemessen. Jetzt treten weitere, allen Mitgliedstaaten gemeinsame Werte von „Pluralismus, Toleranz, Gerechtigkeit, Solidarität und Nichtdiskriminierung" hinzu. Diese appellativen Feststellungen müssen nunmehr für das Rechtsverhältnis zwischen Union, Unionsbürgern, Staatsvölkern, Berechtigten der Grundfreiheiten, Grundrechtsberechtigten und Mitgliedstaaten verdeutlicht und konkret zur Wirkung gebracht werden. Europa bleibt ein unfertiges Haus, in dem die Europäer zwar schon wohnen können, das aber von den Architekten und Baumeistern noch viel Kraft fordern wird.

4. Vertrag und Verfassung

Der Europäische Konvent hat den Entwurf eines Vertrages für eine Europäische Verfassung vorgelegt, hofft also, einen „Verfassungsvertrag" zu begründen. Dieser Begriff ist ein Widerspruch in sich. Die Verfassung ist die dauernde Grundordnung eines Staates, der Vertrag eine Vereinbarung unter Staaten. Die Verfassung regelt die stetigen, unverzichtbaren Prinzipien des staatlichen Gemeinwesens, während der Unionsvertrag die Vereinbarungen eines Staatenverbundes enthält, in dem die Mitgliedstaaten einen Teil ihrer Hoheitsgewalt gemeinsam ausüben wollen. Der „Verfassungsvertrag" ist begrifflich das runde Quadrat – ein beunruhigender Rechtsbefund, weil Recht in Sprache, in klaren Begriffen überbracht wird.

Nun mag der allgemeine Sprachgebrauch es erlauben, jemanden – auch die Europäische Union – „in guter Verfassung" zu sehen, ihr also gute Gesundheit, Kondition und Handlungsfähigkeit zuzusprechen. Auch spricht das Recht gelegentlich von der „Wirtschaftsverfassung" oder „Kommunalverfassung", wenn sie die Grundstruktur von Kapitalgesellschaften oder Kommunen bezeichnen will. Dieser flüchtige Sprachgebrauch ist unbedenklich, soweit mit ihm nicht konkrete Rechtsaussagen verbunden und bestimmte Geltungs- und Vorrangansprüche verknüpft werden.

Rechtliche Bedeutung gewinnt dieser Sprachgebrauch jedoch, wenn er darauf angelegt ist, die mitgliedstaatlichen Verfassungen der europäischen unterzuordnen. Gegenwärtig nennt das nationale Verfassungsrecht die Bedingungen, unter denen der Verfassungsstaat Mitglied in der Europäischen Union werden darf. Das deutsche Grundgesetz verlangt – in Übereinstimmung mit vielen anderen Verfassungen –, dass die Europäische Union demokratischen, rechtsstaatlichen, sozialen und föderativen Grundsätzen und dem Grundsatz der Subsidiarität verpflichtet ist und einen Grundrechtsschutz gewährt, der dem Grundgesetz im wesentlichen vergleichbar ist. Zweite Voraussetzung ist, dass der deutsche Staat in der Mitgliedschaft der Europäischen Union seine Identität als eigenständiger Verfassungsstaat nicht verliert. Die dritte, verfahrensrechtliche Bedingung für die Übertragung von Hoheitsgewalt auf die Europäische Union ist schließlich, dass ein Bundesgesetz mit Zustimmung des Bundesrates diese Hoheitsrechte überträgt. Damit setzt die nationale Verfassung den

Rahmen für die Europäische Union, das nationale Gesetz ist die Brücke dafür, dass Europarecht mit seinen Verbindlichkeiten die jeweilige nationale Rechtsordnung erreicht.

Diese verfassungsrechtlichen Vorgaben für eine europäische Integration würden überspielt, wenn eine europäische Verfassung über den nationalen Verfassungen stünde und damit ihre Regelungen verdrängen könnte. Innerhalb eines Bundesstaates bricht Bundesrecht Landesrecht. Bräche das Europarecht gleichermaßen nationales Verfassungsrecht, so könnten die mitgliedstaatlichen Verfassungen die demokratische, rechtsstaatliche und den Menschenrechten verpflichtete Struktur der Europäischen Union nicht mehr gewährleisten. Die Union verlöre ein Stück ihrer verlässlichen Struktur als Rechtsgemeinschaft gerade in einer Erweiterungsphase, in der sie rechtliche Maßstäbe und Grundsatzwerte dringlich braucht.

Allerdings kann Rechtseinheit in Europa nur gewahrt werden, wenn das europäische Recht für alle Mitgliedstaaten gilt, es insoweit nationales Verfassungsrecht verdrängen kann. Dieses ist selbstverständlich, wenn das nationale Zustimmungsgesetz Gesetzgebungsgewalt oder Exekutivbefugnisse auf die Europäische Union überträgt, den Verfassungsorganen also insoweit Kompetenzen und Befugnisse entzieht. Europarecht beansprucht insoweit schon gegenwärtig Geltungs- und Anwendungsvorrang vor jedem nationalen Recht. Ebenso ist es aber für diese europäische Rechtsgemeinschaft unverzichtbar, dass sie ihre Wurzeln in den Mitgliedstaaten wahrt, ihre Rechtsprinzipien deshalb von den Mitgliedstaaten ableitet und deren jeweilige Eigenständigkeit als Verfassungsstaat achtet. Die Mitgliedstaaten haben sich verständigt, einen Teil ihrer Hoheitsgewalt in der Europäischen Union gemeinsam auszuüben. Die Union empfängt also nur einen Teil der Hoheitsgewalt der Mitgliedstaaten und ist auf deren Übertragung angewiesen. Der gesetzliche Übertragungsakt aber bleibt an die Verfassung des übertragenden Staates gebunden. Zu dieser Bindung gehört, dass jeder europäische Rechtsakt den Grundprinzipien dieses Verfassungsstaates verpflichtet ist und seine Identität nicht verletzen darf.

Die Entwicklung zum Verfassungsvertrag ist durch die fehlende Zustimmung von Mitgliedstaaten und Staatsvölkern angehalten worden. Die Bevölkerung Frankreichs hat sich mit rund 55 % der abgegebenen Stimmen gegen den Verfassungsvertrag entschieden. In den Niederlanden hat das Staatsvolk mit einer Mehrheit von 61,6 % den Verfassungsvertrag zurückgewiesen; das Parlament hatte bereits vorher angedeutet, dass es sich bei hinreichender, in der Abstimmung deutlich übertroffener Wahlbeteiligung an das Votum der Bürger halten wolle. Damit haben sich bereits zwei Gründungsmitglieder der Europäischen Gemeinschaft gegen den Verfassungsvertrag ausgesprochen. Dänemark, Estland, Finnland, Großbritannien, Irland, Polen, Portugal, Schweden und Tschechien haben den Ratifizierungsprozess bis auf weiteres ausgesetzt.

Damit fehlt dem Verfassungsvertrag die Vertrauensgrundlage, die er braucht, um die Europäische Union erneuern zu können. Zwar mag der Verfassungsvertrag in Kraft treten, wenn vier Fünftel der Staaten den Entwurf bis Ende 2006 ratifiziert haben. Er würde dann aber nur in den ausdrücklich zustimmenden Staaten gelten, könnte also nicht eine neue Grundordnung der Europäischen Union werden.

Die Reaktionen auf diese Entwicklung reichen von der Katastrophenwarnung über Beschwichtigungen bis zu eiligen Verhandlungsangeboten. Die Gründe für die Ablehnung liegen in dem Gespür der Staatsvölker, sich nicht über eine „Verfassung" auf den Weg zu einem europäischen Bundesstaat begeben, vielmehr die jeweils eigene Staatlichkeit bewahren zu wollen. Auch die Fremdheit, Bürgerferne und Unübersichtlichkeit des europäischen Rechts und seiner Organe lässt die Unionsbürger zögern, die Bindung durch das Europarecht dichter und grundsätzlicher werden zu lassen. Mancher wird die bisherige und die geplante Erweiterung als zu eilig beurteilen, für den eigenen Markt und Rechtsstatus auch als bedrohlich empfinden. Viele erleben oder erahnen das Demokratiedefizit der Union, ihre Orientierung an den großen Kapitalgesellschaften und die Vernachlässigung des Mittelstandes, die Überregulierung und Widersprüchlichkeit im Europarecht. Kritische Worte zu „Brüsseler" Bürokratie, zur „Macht der Lobbyisten", zur „Überdehnung" der EU durch den geplanten Beitritt von Rumänien, Bulgarien und vielleicht auch der Türkei, Unmut über Änderungen am Europäischen Stabilitätspakt, die Sorge um den Verlust von Arbeitsplätzen, Zweifel an der Wirksamkeit und Sparsamkeit europäischer Organe und ihrer Entscheidungen, Unverständnis über Einzelregelungen wie die Dienstleistungs- oder die Sonnenschein-Richtlinie, aber auch innenpolitische Auseinandersetzungen in den Mitgliedstaaten schaffen eine Grundstimmung, die der Europäischen Union etwas vorenthält, was diese dringlich beansprucht.

Dennoch ist der Kampf um den Verfassungsvertrag" eine Chance zum Nachdenken, zur realitätsgerechten Einschätzung der Europäischen Union und ihrer Entwicklungsmöglichkeiten, auch zur Vergewisserung über den Schaden, der durch eine Verzögerung oder Gefährdung der Europäischen Union einträte. Der Unionsvertrag muss in seinem gegenwärtigen und in seinem zukünftigen Inhalt zunächst den Staatsvölkern vertraut gemacht werden, für sie einsichtig sein, um dann in den zuständigen Organen beschlossen zu werden. Vielleicht ist es ein gewichtiges Zeichen zusätzlicher Demokratie in der Europäischen Union, wenn Staatsvölker einen ihnen noch fremden Unionsvertrag im Plebiszit ablehnen, einen in sich widersprüchlichen „Verfassungsvertrag" zurückweisen, ein Rechtsetzungsverfahren aufhalten, das nicht hinreichend in den Rechtserfahrungen und dem rechtlichen Willen der Staatsvölker verwurzelt ist.

Mit diesen Entscheidungen der Staatsvölker ist die Erneuerung des Unionsvertrages nicht gescheitert, sondern auf eine gediegenere Grundlage verwiesen. Der Rechtsbildungsprozess sollte jetzt nicht durch eilig anberaumte Neuabstimmungen eingeleitet und auch nicht durch eher kosmetische Änderungen des Vertragstextes fehlgeleitet werden. Vielmehr bedarf es einer verallgemeinerungsfähigen Rückbesinnung auf die Ziele der Union: Beabsichtigt ist eine Vertragsänderung, keine Verfassunggebung. Erforderlich ist mehr demokratische Legitimation durch die Staatsvölker und ihre Parlamente, eine klare Aufgabenteilung zwischen Europäischer Union und Mitgliedstaaten, eine weitere Verdichtung des Europarechts mit einem rechtlich definierten Haltepunkt, eine Erweiterung der Union in einer Nachhaltigkeit der Zeitvorgaben und mit schonenden Übergängen.

5. Erweiterung und Verdichtung

Eine „Europäische" Union sucht alle europäischen Staaten zu vereinen. Eine „immer engere" Union der Staatsvölker will gleichzeitig die rechtliche und politische Gemeinsamkeit der Mitgliedstaaten ständig vertiefen. Deshalb gilt für die europäische Integration seit Jahren die Maxime, die Union gleichzeitig erweitern und verdichten zu wollen.

Die jüngste Erweiterung um zehn neue Mitgliedstaaten lehrt jedoch wiederum, dass neue Mitgliedstaaten schonende Übergänge und behutsame Anpassungen brauchen. Das neue Mitglied kann nicht an einem Stichtag seiner bisherigen Rechtsordnung das Europarecht überstülpen, muss vielmehr seiner Landwirtschaft, seinen Industrieunternehmen, seinem Handel und seiner Wissenschaft Gelegenheit geben, sich langsam vom bisherigen Recht zu verabschieden und auf die neue Rechtsordnung einzustellen. Würde man die Unternehmungen dieser Länder von heute auf morgen dem freien Wettbewerb mit seinen Produktionsbedingungen, seinen Preisen, seiner Organisationskraft und Werbemacht aussetzen, so wären diese sich vorsichtig entfaltenden Wettbewerber der Macht der großen europa- und weltweit handelnden Unternehmen kaum gewachsen. Die Integration würde wegen dieser Unterschiede mehr zerstören als aufbauen.

Andererseits hat die Europäische Union ihre Gestaltungsmittel bisher allein auf die früheren Mitglieder ausgerichtet und insbesondere ihre Finanzkraft vollständig auf diesen Adressatenkreis verteilt. Treten nunmehr zehn weitere Berechtigte hinzu, sind diese nach den bisherigen Verteilungsmaßstäben wegen ihres Nachholbedarfs oft vorrangig berechtigt. Leistungserwartungen bisheriger Mitglieder müssten enttäuscht werden, rechtliche Zusagen unerfüllt bleiben. Der Start der erweiterten europäischen Integration würde das Willkommen für die neuen Mitglieder deutlich abschwächen müssen.

Deswegen erweist sich das Postulat nach gleichzeitiger Erweiterung und Verdichtung wiederum als eine gefährliche Übertreibung. Die europäische Rechtsgemeinschaft braucht auch hier Augenmaß, Gelassenheit, Nachhaltigkeit. Der ständige Wechsel der europapolitisch verantwortlichen Akteure darf nicht in ständige Erfolgszwänge drängen, die Europa strukturell kaum verbessern, jedoch Erwartungen auf ein besseres Europa neu schüren.

Die Europäische Union ist auf ein für alle Mitgliedstaaten einheitlich geltendes europäisches Recht angelegt, hat aber mit der Gründung einer Währungsunion, ebenso mit dem Schengener Abkommen und der Verteidigungsgemeinschaft dieses Prinzip gelockert und erlaubt nun ein Europa der unterschiedlichen Geschwindigkeiten, in dem für bestimmte Mitgliedstaaten nur ein Teil des Europarechts verbindlich ist. Mit dem Beitritt weiterer Mitgliedstaaten werden die Rechts- und Wirtschaftsstandards innerhalb der Gemeinschaft erneut in einem langfristigen Übergangsrecht abgestuft. Es entstehen unterschiedliche Europarechtskreise von differenzierter Dichte und Reichweite. Die These von der gleichzeitigen Verdichtung und Erweiterung der Europäischen Gemeinschaft ist damit mehr Wunsch als Wirklichkeit. Ein Europa der verschiedenen Geschwindigkeiten ist nicht das Prinzip der Integration, wohl aber eine Bedingung seines Wachstums.

6. Gewaltenteilung

Auch der für den Verfassungsstaat bestimmende Gedanke der Gewaltenteilung zeigt, wie sehr Europa sich seiner Besonderheit als Staatenverbund und als noch entwicklungsbedürftige Rechtsgemeinschaft vergewissern muss. Das Gewaltenteilungsprinzip hemmt und mäßigt staatliche Macht, ordnet aber auch den Entscheidungsgegenstand sachgerecht dem entscheidenden Organ zu. In ihrem menschenrechtlichen Ursprung handelt die Gewaltenteilung von den Rechtsbeziehungen zwischen Bürger und Staat und gibt dem Grundrechtsberechtigten in der dritten – der rechtsprechenden – Gewalt Rechtsschutz gegen Parlament und Regierung. In einer Demokratie mäßigt und ordnet die Gewaltengliederung die Staatsgewalt insbesondere gegenüber der Volksvertretung, so dass sie keineswegs alle Staatsgewalt im Parlament bündelt, sondern im Rahmen einer Aufgabenteilung wirkt. Jede der staatlichen Gewalten behält ihren Organen einen Kernbereich von Aufgaben vor, der von der jeweiligen Institution nach Personal, Ausstattung und Verfahren am besten erfüllt werden kann. In einem Zeitschema bedeutet Gewaltenteilung, dass die Gesetzgebung sich vorrangig der Zukunft widmet, die Verwaltung mit der Gegenwart befasst ist und die Rechtsprechung die Vergangenheit rechtsverbindlich beurteilt.

Dieses klassische Gewaltenteilungsprinzip wird gegenwärtig ergänzt und erweitert durch eine bundesstaatliche Funktionenteilung zwischen Bundes- und Länderorganen, durch eine Labilität der auf Wiederwahl angelegten Regierung und eine Stabilität der vom Lebenszeitprinzip geprägten Verwaltung, auch durch die Finanzverfassung, die der Finanzmächtigkeit des Staates in einer gesonderten Funktionenordnung sowie durch Rechnungslegung und Rechnungskontrolle Schranken setzt.

Diese modernen Erscheinungsformen gewaltengeteilten Staatshandelns werden zunehmend zu Wirkungsbedingungen des Rechtsstaates, wenn im Parteienstaat der Gegensatz zwischen Parlament und Regierung durch die bestimmende Macht der die Regierung tragenden Parlamentsparteien geschwächt wird und wenn die Regierungsmitglieder in der Regel auch Mitglieder des Parlaments sind.

Der Gewaltenteilungsgedanke hat sich nunmehr auch im Verhältnis zwischen Mitgliedstaaten und europäischen Organen zu bewähren. Die Aufteilung von Hoheitsgewalt auf Unionsorgane und staatliche Organe bewirkt eine Funktionsteilung, die europäische Einheit und staatliche Vielfalt erlaubt, die gemeinsame Ausübung von Hoheitsgewalt organisiert, Entscheidungskraft bündelt, nachgeordnete Entscheidungsstufen regelt und auch eine Hemmung und Kontrolle der Gewalten veranlasst.

Innerhalb der Gemeinschaft stützt sich der Vertrag zunächst auf das klassische Gewaltenteilungsprinzip: Der Europäische Gerichtshof entspricht den Maßstäben eines Rechtsprechungsorgans. Wenn er sich gelegentlich noch immer als „Motor der Integration" versteht, droht er von der rechtlich kontrollierenden zur rechtsgestaltenden Gewalt überzuwechseln. Regierung und gesetzgebende Gewalt hingegen sind in der Europäischen Union nicht deutlich voneinander getrennt, weil Gesetze und Verordnungen im wesentlichen vom Rat, einer Regierungsgewalt, gesetzt werden. Das Demokratieprinzip verlangt deshalb eine Stärkung des Europäischen Parlaments, vor allem aber eine deutliche Legitimation der europäischen Organe durch die Parlamente der Mitgliedstaaten. Die Legitimationsgeber sind die Staatsvölker der Mitgliedstaaten, so dass ihre Wahl- oder auch Abstimmungsentscheidungen das Fundament für eine Demokratie in Europa bilden.

In der Zeitdimension scheint der europäische Staatenverbund fast eine Gemeinschaft ohne Gegenwart. Der verfassungsrechtliche Rahmen der Integrationsermächtigungen drängt auf die Zukunft weiterer Integration, die Exekutivorgane sind wesentlich mit der zukunftsgerichteten Rechtsetzung befasst, Regierung und Verwaltung arbeiten an der Ausweitung und Verdichtung der Gemeinschaft. Selbst der Europäische Gerichtshof geriert sich als Integrationsgarant und Motor europäischen Fortschritts. Andererseits wird die Europäische Union auch durch Organe der Verstetigung und Kontinuitätsgewähr bestimmt, insbesondere durch die für einen gleichbleibenden Geldwert verantwortliche Zentralbank, durch den über einen gediegenen, langfristigen Haushaltsvollzug wachenden Rechnungshof und durch eine ihren judiziellen Charakter betonende Europarechtsprechung der mitgliedstaatlichen Gerichte. Auch eine Funktionenteilung zwischen europäischer Rechtsetzung und mitgliedstaatlichem Rechtsvollzug, zwischen europäischem Finanzbedarf und mitgliedstaatlicher Finanzhoheit, zwischen europäischem Rechtsentscheid und mitgliedstaatlichem Rechtszwang wahren eine neue Ausgewogenheit von Zukunftsgestaltung und Stetigkeit in Europa.

Staaten und Staatenverbund stehen somit in einem Kooperationsverhältnis, das im Verfassungsstaat seinen Ursprung und seinen rechtlichen Rahmen findet, in den Staatsvölkern seine Widmung und Verantwortlichkeit, im Gemeinschaftsvertrag seine konkreten Aufgaben, Kompetenzen und Befugnisse. Die Europäische Union kann als Gemeinschaft von Staatsvölkern und Staaten nicht eine staatsrechtliche Gewaltenteilung verwirklichen, wohl aber eine neue Form der Gewaltenzuteilung und Gewaltenbalance entwickeln, die den menschenrechtlichen und demokratischen Anforderungen an das Gewaltenteilungsprinzip voll gerecht wird.

7. Die Erneuerung der Europäischen Union durch die Verfassungsstaaten

Die Mitgliedstaaten sind somit beauftragt, das Europarecht als werdendes Recht so fortzubilden, dass die staatsrechtlichen Grundprinzipien von Rechtsstaat, Demokratie, Föderalismus, sozialem Staatsziel und Menschenrechten sachgerecht auf den europäischen Staatenverbund übertragen werden. Ziel ist dabei nicht, die Europäische Union einem Staat anzunähern, vielmehr sind die Verfassungsprinzipien eines Staates auf die Besonderheiten eines Staatenverbundes auszurichten; sie sind ihm entsprechend anzuwenden.

Deswegen sind Aufgaben und Kompetenzen zwischen Europäischer Union und Mitgliedstaaten so aufzuteilen, dass die Hoheitsgewalt grundsätzlich bei den Mitgliedstaaten liegt, diese ihre Hoheitsgewalt aber gemeinsam in der Europäischen Union wahrnehmen, wenn nur diese gemeinschaftliche Hoheitsgewalt die Aufgabe sachgerecht erfüllen kann. Die Europäische Union ist vor allem zuständig für den grenzüberschreitenden europäischen Markt des Wirtschaftens, der Wissenschaft und der Begegnung, für grenzenlos wirkende Medien, für den von einem einzelnen Staat unerfüllbaren Auftrag des Umweltschutzes, für Immigrations- und Asylrecht, für die Gegenwehr gegen internationale Kriminalität, für das Recht der europaweit wirkenden Unternehmen, für Gemeinschaftsfragen der Außenpolitik und der Verteidigungspolitik. Der Mitgliedstaat hingegen ist verantwortlich für die Verfassungsstruktur seines politischen Lebens, das Setzen und Durchsetzen einer staatlichen Rechtsordnung mit der Garantie von Grundrechten, für inneren und äußeren Frieden, für die soziale Existenzsicherung, Bildung und Ausbildung, wirtschaftliche Arbeitsteilung, für den politischen und kulturellen Markt der Medien und Meinungen, die Pflege der Kultur und die bürgernahe Gestaltung von Regionen und Gemeinden.

Im Mitgliedstaat finden die Bürger ihren politischen Zusammenhalt. Er öffnet als Mitglied der Europäischen Union für seine Bürger eine grenzüberschreitende Weite in Europa. Er ist verantwortlich für die inhaltliche Abstimmung, verbindliche Vermittlung und individuelle Erläuterung der den Bürger treffenden Rechtsverbindlichkeiten aus unterschiedlichen Rechtskreisen – dem staatlichen, dem europäischen und dem völkerrechtlichen. Der Staat führt in seinen Rechtsorganen alles für seine Bürger geltende Recht zusammen, bringt es dort zum Gleichklang, vermittelt es als Sprecher des gesamten in seinem Gebiet verbindlichen Rechts an den Bürger und wirkt als Verstehenshelfer in seiner Sprache, erklärt das neue Recht in seiner Rechtstradition und beantwortet Rechtsfragen im Blickwinkel der in seinem Gebiet geläufigen Anfragen an das Recht.

Bei der Erneuerung der Handlungsmaßstäbe der europäischen Organe oder des von ihm gesetzten materiellen Rechts ist die Eigenheit der Europäischen Union zu beachten, der die wesentlichen Eigenschaften eines Staates fehlen und die deshalb auf das Fundament der Mitgliedstaaten angewiesen ist. Die Europäische Union besitzt keine eigene Gebietshoheit, sondern leitete ihr Gebiet vom Staatsgebiet ihrer Mitgliedstaaten ab. Sie übt keine umfassende Personalhoheit über die Unionsbürger aus, sondern bestimmt den Unionsbürger nach der Staatsangehörigkeit in einem Mitgliedstaat. Sie ist eine Vereinigung der Völker Europas, nicht ein von einem europäischen

Staatsvolk getragener Staat. Die Gemeinschaftsgewalt ist durch das Prinzip der begrenzten Einzelzuständigkeiten beschränkt; der Gemeinschaft fehlt die für den Staat typische Kompetenz, sich selbst neue Aufgaben und Zuständigkeiten zuzusprechen. Die Union bestimmt ihre rechtliche und politische Entwicklung nicht selbst, sondern wird insoweit von den Mitgliedstaaten, den „Herren der Verträge", geleitet.

Wenn das europäische Haus somit in Fundament und Erdgeschoss von den Mitgliedstaaten bestimmt und getragen wird, die Europäische Union sich auf dieser Grundlage ausschließlich im Obergeschoss entfaltet, bestimmt das Leben im europäischen Geschoss selbstverständlich auch die Struktur und den Charakter des gesamten Hauses. Die Mitgliedstaaten leiten die Entwicklung der Europäischen Union, und die Union beeinflusst die Entwicklung ihrer Mitgliedstaaten. Der Mitgliedstaat überträgt Hoheitsgewalt auf die Europäische Union, gewinnt damit aber auch Einfluss über seinen Staat hinaus, er begibt sich in eine Wechselbeziehung gegenseitiger Erneuerung und Einflussnahme. Das von den europäischen Organen gesetzte Europarecht ist in den Mitgliedstaaten verbindlich, die europäischen Organe haben aber nur Hoheitsgewalt, solange ihr Handeln von den Mitgliedstaaten getragen wird.

Die Rechtsbeziehungen zwischen Mitgliedstaaten und Europäischer Union brauchen eine präzise Sprache, die das Ziel der Integration benennt, das Europarecht sachgerecht qualifiziert und Verantwortlichkeiten allgemeinverständlich zuteilt: Der Verfassungen der Mitgliedstaaten bewahren deren Grundstruktur als Staat und als Verfassungsstaat, bestimmen dabei auch die Bedingungen, nach denen der jeweilige Staat für eine europäische Integration offen ist. Artikel 23 des deutschen Grundgesetzes besagt, dass Deutschland nur an einer Europäischen Union mitwirkt, die den Rechtsgrundlagen des modernen Verfassungsstaates als Verbund solcher Verfassungsstaaten verpflichtet ist und einen dem Grundgesetz im wesentlichen vergleichbaren Grundrechtsschutz gewährleistet. Die Europäische Union darf nicht die für den verfassungändernden Gesetzgeber in Deutschland unantastbaren Grundprinzipien des deutschen Staates und seiner verfassungsrechtlichen Identität berühren. Würde nunmehr die Europäische Union selbst eine Verfassung besitzen, beanspruchte diese europäische Verfassung, die nationale Verfassung verdrängen zu können. Hat der Bundestag in den Bindungen des deutschen Grundgesetzes und im Rahmen seines Integrationswillens die Anwendung von Europarecht in Deutschland mit Zustimmung des Bundesrates angeordnet, geht das europäische Recht insoweit dem deutschen Recht vor. Maßstab und Grenze dieses Vorrangs ist allerdings das Europaverfassungsrecht des Grundgesetzes und der Rechtsanwendungsbefehl des deutschen Gesetzgebers. Würde dieses Europarecht nunmehr zum Verfassungsrecht, ginge es der gesamten deutschen Verfassung vor. Die verfassungsrechtliche Sicherung der Grundstruktur der Europäischen Union durch das Grundgesetz und der Schutz der Identität des deutschen Verfassungsstaates würden dadurch unverbindlich.

Dieses wäre für eine erneuerte Europäischen Union und die Mitgliedstaaten gefährlich. Zwar besteht glücklicherweise kein Anlass, die Grundstruktur der Europäischen Union gefährdet zu sehen. Doch sind die Verfassungsgarantien der mitgliedstaatlichen Verfassungen für die Europäische Union von aktueller Bedeutung, wenn das für einen Staatenverbund typische Demokratiedefizit bewusst gemacht und dadurch immer wieder die Frage gestellt wird, ob bei einer nichtparlamentarischen Gesetzgebung durch die europäische Exekutive zumindest das Recht der Gesetzesinitiative noch ausschließlich bei der Kommission liegen dürfe. Außerdem verlangen die mitgliedstaatlichen Verfassungen für die Europäische Union rechtsstaatliche Grundsätze, also eine deutlichere Gewaltenteilung zwischen Exekutive und Gesetzgebung. Die politischen Verantwortlichkeiten sind in einer überschaubaren Aufgaben- und Kompetenzordnung klar und allgemein ersichtlich zuzuweisen, europäische Rechtsakte auf den jeweiligen Rechts- und Sprachraum eines Mitgliedstaates abzustimmen und sprachlich anzupassen, Entscheidungsverfahren sind zu überprüfen, vorhandene Besitzstände, insbesondere der Landwirtschafts- und der Strukturfonds, grundsätzlich in Frage zu stellen, die unterschiedliche Aufteilung der Finanzlasten unter den Mitgliedstaaten ist auszugleichen. Außerdem ist die Grundstruktur der Europäischen Union auf die der Mitgliedstaaten abzustimmen: Die Union ist für die nur im Staatenverbund erfüllbaren Aufgaben zuständig, die übrigen Aufgaben verbleiben bei den Mitgliedstaaten. Der Wirrwarr eher zufällig entstandener begrenzter Einzelermächtigungen ist durch prinzipielle Einzelermächtigungen zu beenden. Demokratische, rechtsstaatliche und soziale Grundsätze sowie der Grundsatz der Subsidiarität verlangen eine einsichtige Zuordnung der Kompetenzen und Befugnisse. Damit drängen die mitgliedstaatlichen Verfassungen die Europäische Wirtschaftsgemeinschaft zu einer politischen Gemeinschaft, die insbesondere die Demokratieschwäche Europas beendet, die menschenrechtliche Wertegemeinschaft vertieft und die Industriepolitik durch eine soziale Marktwirtschaft ablöst.

Auch die zehn neuen Mitgliedstaaten der Union, deren Geschichte als Verfassungsstaaten noch jung ist, werden sich nicht der Dominanz einer europäischen Verfassung unterwerfen, sondern ihre Verfassungen in der jeweiligen rechtlich begrenzten Integrationsoffenheit entfalten wollen. Auch wäre es für Europa ein Verlust, wenn die von den nationalen Verfassungsgerichten entwickelte Rechtskultur für den Integrationsprozess an Bedeutung verlöre und nunmehr der Europäische Gerichtshof als ein europäisches „Verfassungsgericht" zentral die verfassungsrechtlichen Grundlagen Europas fortentwickeln würde.

Der Fehler, den Unionsvertrag „Verfassung" zu nennen, zeigt sich gegenwärtig deutlich in den mitgliedstaatlichen parlamentarischen Zustimmungsverfahren. Unter welchen Voraussetzungen der neue Vertrag im jeweiligen Mitgliedstaat in Kraft tritt, bestimmt die nationale Verfassung. Diese sieht in vielen Staaten, insbesondere in Deutschland, die parlamentarische Zustimmung in Form eines Gesetzes vor. Eine Verfassunggebung ist hingegen der verfassunggebenden Gewalt vorbehalten, also einer plebiszitären Entscheidung durch das Staatsvolk. Staatsvölker in anderen Gründungsstaaten haben gegen den „Verfassungsvertrag" entschieden, haben also – wären sie hier als verfassunggebende Gewalt tätig – die Verfassunggebung abgelehnt.

Wenn gegenwärtig auch in Deutschland diskutiert wird, ob die Änderung des Unionsvertrages nur durch Volksabstimmung Gültigkeit gewinnen könne, sind diese Erwägungen für eine europäische „Verfassung" folgerichtig, durch den Inhalt der beabsichtigten Vertragsänderung jedoch nicht veranlasst. Der Vertragsentwurf schreibt lediglich das bisherige Vertragswerk fort. Auch die Aufnahme eines Grundrechtekatalogs begründet noch keine Verfassung; entsprechende Garantien sind in der Europäischen Menschenrechtskonvention und im Menschenrechtsstatut der Vereinten Nationen auf vertraglicher Grundlage geläufig.

Auch in der Diskussion um die Europäische Verfassung muss sich die Europäische Union somit ihrer Ziele vergewissern. Die Mitgliedstaaten sind sich einig, dass weder Vereinigte Staaten von Europa gegründet noch ein europäischer Bundesstaat entstehen, wohl aber der erweiterte Staatenverbund eine festere Rechtsgrundlage gewinnen soll. Diese Festigkeit wurzelt in der Tradition des europäischen Rechts: Europa bewahrt seine Eigenheit im Gedanken der Menschenwürde und der daraus folgenden Menschenrechte, in der gewachsenen Kultur der Verfassungsstaatlichkeit, in demokratischen, rechtsstaatlichen und sozialen Strukturen. In diesen Strukturen findet die Europäische Union ihre Identität, ihre rechtliche Verlässlichkeit, ihre politische Nachhaltigkeit.

VI. Die Sprache des Staates

1. Die Sprachgemeinschaft

Ein Verfassungsstaat äußert sich durch Sprache. Er übt möglichst keine Gewalt aus, sondern spricht mit den Menschen. Seine Handlungsmittel sind das Gesetz, die Anordnung, der Richterspruch. Staatsvolk und Nation entstehen und bestehen als Sprachgemeinschaft. Aus den Sprachen sind die Völker, nicht aus den Völkern die Sprachen entstanden (Isidor von Sevilla). Allein die sprachliche Verständigung befähigt eine Gruppe von Menschen, zu einem Staatsvolk zusammenzufinden, eine Demokratie zu begründen und sich in einem Verfassungstext eine gemeinsame Rechtsgrundlage zu geben. Zugleich ist die Sprache Grundlage der individuellen Freiheit: Die Menschen könnten ihre Meinung nicht äußern, sich aus den Medien nicht unterrichten, keine Ehe und keine Familie gründen, die Kulturfreiheiten von Kunst und Wissenschaft nicht ausüben, ihre politischen Rechte nicht wahrnehmen, an Unterricht, Studium und Fortbildung nicht teilnehmen, Verträge nicht anbahnen und schließen, wenn sie nicht in einer gemeinsamen Sprache hören, sprechen und lesen könnten.

Auch der europa- und weltoffene Staat muss deshalb die Sprache seiner Bürger sprechen, ihre Kultur sprachlich aufnehmen. Soll das Gesetz eine allgemein verbindliche Regel überbringen, wählt es die Sprache, die alle Adressaten verstehen. Die Gleichheit vor dem Gesetz, eine der elementaren Grundlagen jeder Gerechtigkeitsordnung, baut auf eine Sprache, die allen Betroffenen einen gleichen Inhalt vermittelt. Der Staat braucht eine Amtssprache, in der sein Parlament debattiert, seine Verwaltung die Bürger anspricht, seine Rechtsprechung mündlich verhandelt und Urteile verkündet. In einer durch Völker- und Europarecht gestuften Ordnung hat der Staat insbesondere die Aufgabe, in der Vielsprachigkeit der Staaten, der Europäischen Union und der Weltorgane seinen Bürgern die sie betreffenden Regeln und Informationen in deutscher Sprache zu vermitteln, sie dadurch verständlich zu machen, aber auch inhaltlich aufeinander abzustimmen.

Auf dieser Grundlage wird das Recht zum Gebrauch der Muttersprache zu einem Menschenrecht, zum Teil der Menschenwürde und zugleich zu einer Grundlage nationaler Autonomiebestrebungen. In Deutschland ist die deutsche Sprache gemeinsame und selbstverständliche Staats- und Freiheitsgrundlage. In anderen Staaten, etwa in der Schweiz und in Kanada, muss die Rechtsordnung die Vielsprachigkeit durch Sprachregeln steuern. Auch in überstaatlichen Organisationen suchen Bestimmungen über die Amts- und die Arbeitsprache sowie über die authentische Sprache eines Rechtstextes und dessen Interpretation Spracheinheit zu ersetzen und Sprachminderheiten zu schützen. Das Recht, den eigenen Namen in der eigenen Muttersprache und Ortsnamen in der traditionellen Sprache fortführen zu dürfen, in den Schulen in der eigenen Muttersprache unterrichtet zu werden, in staatlichen Verwaltungs- und Gerichtsverfahren in der eigenen Sprache angesprochen zu werden und in derselben Sprache erwidern zu können, entwickelt sich zu einem der wichtigsten Minderheitenrechte. Der rechtsstaatliche Grundsatz des fairen Verfahrens und die Garantie des rechtlichen Gehörs verpflichten die Staatsorgane, einen Dolmetscher zuzuziehen, wenn Personen beteiligt sind, die der deutschen Sprache nicht mächtig sind.

Die Sprache ist auch Bindung jeden kulturellen, wissenschaftlichen und wirtschaftlichen Austausches. Wer bei Verhandlungen, Vorträgen und Diskussionen seine Muttersprache sprechen darf, hat den Standortvorteil des Vertrauten, Gewohnten, Heimatlichen, ist stets in die Gespräche einbezogen, während der dieser Sprache Unkundige ausgeschlossen oder auf einen Sprachmittler angewiesen ist. Die Franzosen, gegenwärtig aber vor allem die Amerikaner und die Briten haben deshalb mit gezielter Sprachpolitik zunächst den Weltmarkt weitgehend sprachlich geebnet und dann einen großen wirtschaftlichen Erfolg erzielt. Es wird auch berichtet, dass Daimler Chrysler mit seiner Betriebssprache Englisch in die roten Zahlen geraten sei, weil seine Mitarbeiter nicht mehr in Deutsch gedacht, geredet und geschrieben hätten, während der Konkurrent Porsche an der deutschen Sprache festgehalten, damit seinen Mitarbeitern ihre sprachliche Identität belassen und sie so zu einer selbstbewussteren und verlässlicheren Leistung angeregt habe. Ein Vielvölkerstaat wie die Habsburgermonarchie suchte den Zusammenhalt zwischen Österreich, Ungarn und Tschechien durch die Mehrsprachigkeit für alle Behörden zu begründen, scheiterte aber in diesem Vorhaben, weil die deutschen Beamten meist nicht zweisprachig waren. Die Monarchie erlebte die Kraft der individuellen Freiheit: Freiheit achtet das Vorgefundene, insbesondere die Kultur der eigenen Sprache.

2. Das Begreifen der Welt in den Begriffen

Der Mensch erfasst und bewertet die Welt in seiner Sprache, begegnet mit seinem Wollen, Verstehen und Einschätzen dem anderen in sprachlicher Verständigung, er braucht eine gemeinschaftliche Sprache zum Beobachten und Erfahren, zum Vergleichen und Bewerten, zum Mitteilen und Vereinbaren.

Im Begriff begreift der Mensch die Dinge; im Satz bezeichnet er Vorgänge in ihrer Entwicklung, Bedeutung, Zusammengehörigkeit. Verstehen, verstanden haben und Verstand haben sind Stufen sprachlicher Sinnerfassung, begründen die Fähigkeit zum Gedankenaustausch und Gespräch. Der Mensch besitzt Bewusstsein, kann reflektieren, ist besonnen, weil er über Sprache verfügt.

Wer seine Sprache beherrscht, kann seine Sichtweise der Welt ausdrücken, aber auch verändern, Beobachtungen neu bewerten, aber auch verschleiern, eine Wirklichkeit in ihrer Bedeutung für die Menschen der Gegenwart darstellen. Die klassische Frage von Wittgenstein, ob die Sprache Kleid oder Verkleidung der Gedanken sei, handelt nicht nur von der subjektiven Deutbarkeit und Mehrdeutigkeit der Sprache, sondern von dem bewussten Gestaltungsmittel einer Sprachverfremdung oder Sprachverführung. Die Sophisten benutzen die Mehrdeutigkeit eines Begriffes, um die schwächere Sache zur stärkeren zu machen. Das Orakel täuscht eine gültige Aussage vor, löst den Richtigkeitsanspruch aber nur durch seine Vieldeutigkeit ein. Sokratische Ironie offenbart in der ersichtlichen Widersprüchlichkeit von Gesagtem und Gemeintem das Wahre. Dichtung verändert, bündelt oder vergröbert die Wirklichkeit zum Dramatischen, Spaßhaften, Grotesken, Widersinnigen, um Nachdenklichkeit und Phantasie anzuregen. Wer einer Person oder einem Vorgang den Namen gibt, bestimmt den Sichtwinkel für die Wirklichkeit. Er macht sich einen Namen, wenn er dem anderen eine Vorstellung von seinem Ich vermittelt. Das Namenlose ist das Unpersönliche, das Nichtbewusste, das Nichtvoraussehbare.

Menschliches Zusammenleben fordert oft die ungenaue oder auch die unrichtige Sprechweise. Das Taktgefühl gegenüber einem Enttäuschten ist Anlass, einen Sachverhalt sprachlich zu verschleiern. Der Arzt verschweigt eine Wahrheit und erleichtert damit das Leiden. Der Diplomat „nimmt ein Blatt vor den Mund". In der Leichtigkeit und Heiterkeit einer Gesellschaft gehören schonende Euphemismen zum „guten Ton". Die „verblümte" Ausdrucksweise wählt die Offenheit und Unbestimmtheit, um Gegensätze zu vermeiden, Gemeinsamkeiten zu erhalten, Einwände nicht herauszufordern.

Die Sprache des Staates allerdings überbringt Verbindlichkeiten und drängt deshalb zu Präzision und Bestimmtheit. Sie will jedermann in unterschiedlichen Sprechsituationen erreichen, wählt deswegen die Schriftlichkeit, Nüchternheit und Abstraktionshöhe. Sie ist auf Kontrolle und Kritik angelegt, meidet die Vieldeutigkeit und schützt sich gegen Missdeutungen. Nur ausnahmsweise wählt das Recht die kompromisshaft unbestimmte, auf zukünftige Verständigung ausgelegte Aussage. Enthält der Vertrag einen „vereinbarten Dissens", einen vertraglichen Formelkompromiss, so wollen die Partner sich verständigt haben, ohne schon einen Verständigungsinhalt definieren zu können. Runde Tische scheitern meistens an einem eckigen Problem, die Sozialpartner verharren oft in ihrem Gegensatz von Arbeitgeber und Arbeitnehmer, eine konzertierte Aktion erreicht nie die Schönheit eines Konzerts und vielfach nur den Eifer des Aktionismus.

Sprechen ist Handeln. Deshalb nutzt der Staat die Sprache, um Willensbildungsprozesse, Mehrheitsströmungen, Stimmungen, Meinungen, Erwartungen zu steuern, zu bündeln, zu stärken oder zu schwächen. Zielbegriffe wie der „Friede" oder die „Qualität des Lebens" deuten die Anliegen und Hoffnungen einer Sprachgemeinschaft an, Schlüsselbegriffe wie die „Freiheit" und die „Demokratie" drücken Handlungsmaximen mit Verbindlichkeitsanspruch aus. Tendenzworte wie „fortschrittlich" versprechen eine glanzvolle Zukunft oder verabschieden in Zusätzen wie „spät" oder „post" einen Kapitalismus oder Modernismus, betreiben also dessen Sterben. Merkworte wie „Umweltschutz" oder „Generationenvertrag" machen der Öffentlichkeit Probleme und Aufgaben bewusst.

Sprachlenkung verändert die bisherige Sichtweise der Sprachgemeinschaft, richtet den Blickwinkel neu aus. Ob ein

Aufenthalt in einem Haus als Instandbesetzung oder als Hausfriedensbruch benannt, eine Äußerung als Kritik oder als Hetze bezeichnet, ein Schusswaffengebrauch als Rettungs- oder als Todesschuss qualifiziert wird, ist wesentlich für das Denken des Angesprochenen. Ob der Staat jemanden als Bürger, also als Mitglied des Staatsvolkes, oder als Menschen, also Menschenrechtsberechtigten, anspricht, ob er den Unterschied im Begriff der „ausländischen Mitbürger" zu überbrücken sucht, verändert das Zugehörigkeitsempfinden grundlegend.

3. Sprachliche Macht und sprachliche Mäßigung der Gewalten

Sprache verleiht somit Mächtigkeit, ist Instrument der Einflussnahme, dient insbesondere dem Rechtsstaat als das wesentliche, idealtypisch als das alleinige Mittel, um Hoheitsgewalt auszuüben. Wer das Sagen hat, hat Macht. Der Parlamentarismus baut darauf, dass Absichten mit dem Aussprechen wirksam und aufeinander abgestimmt werden können. Sprache ist der große Kanal, „durch den Menschen einander ihre Entdeckungen, Folgerungen und Erkenntnisse" vermitteln (John Locke). Die Aussprache entwickelt Fragen und findet Lösungen. Rede und Gegenrede heben Wertungen voneinander ab, werben für Unterstützung und Ablehnung, erlauben Parteinahme und Bündnisse. Zur demokratischen Auseinandersetzung gewinnt nur Zugang, wer sprachmächtig ist. Das sprachliche Ziel einer Debatte, im Parlament in der Regel das Gesetz, verselbstständigt dann das Ergebnis des Gesprächs und vermittelt es verbindlich.

Die staatlichen Organe – Gesetzgeber, Regierung, Verwaltung und Rechtsprechung – können aber nur das aussprechen, was die Sprache ihnen vorgibt. Begriffe wie „Mensch", „Würde", „Familie", „Eigenes", „Freiheit", „Gleichheit", „Brüderlich-

keit" oder „sich vertragen" überbringen Ideen, die der Staat aufnehmen kann, weil er diese Sprache hat. Unsägliches hingegen
bleibt auch für das Recht unregelbar. Wenn in früheren Jahrhunderten das Urheberrecht an Schriftwerken durch eine Ver-
fluchung der Bücherdiebe geschützt werden sollte, wurde dieser Fluch durch eine Rechts- und Gerichtsordnung erst
handhabbar, als er durch eine Geldsanktion oder Freiheitsstrafe
ersetzt worden war. Heute erleben wir ähnliche, appellative
Hinweise auf das noch nicht deutlich Gedachte und deshalb
nicht prägnant Sagbare, wenn mit dem Zielwort „Stabilität
und Wachstum" ein „magisches Viereck", also die Magie in
das Recht eingebracht worden ist, oder wenn in einem „Bünd-
nis" für Arbeit eine Übereinstimmung angekündigt wird, obwohl die Partner einander noch unverbunden sind. Gelegentlich löst das Recht einen Konflikt bewusst durch das
Unbegreifliche; das „Losverfahren" überlässt dem Zufall die
Verteilung von Studienplätzen oder Vorstandssitzen.

Der Verfassungsstaat ist sprachlich verfasst und wird dadurch begreifbar, berechenbar und kontrollierbar. Rechtsstaatliche Gewalt ist eine Herrschaft des Wortes. Alle Staatsgewalt
folgt sprachlich verfassten Regeln, ist in ihren drei Gewalten
auf sprachliche Verständigung und Zusammenarbeit angelegt,
begegnet dem Bürger in sprachlicher Gewalt und eröffnet den
Rechtschutz in einem Verfahren der mündlichen Verhandlung,
der sprachlichen Feststellung, Entscheidung und Verständigung. Auch die Demokratie stützt sich in ihrem legitimieren-
den Gedanken und ihrem Handeln auf Sprechverfahren: Die
vom Volk ausgehende Staatsgewalt wird in Wahlen und Abstimmungen ausgeübt; demokratische Repräsentation befähigt
zur sprachlichen Erkundung, Klärung und Darstellung der All-
gemeinanliegen, sieht Mehrheit und Minderheit im stetigen
Gespräch über die bessere Lösung. Auch die Aufgabenteilung
und Zusammenarbeit im Bundesrat bestimmt Ausgangsposi-

tionen, von denen aus man spricht, abstimmt, sich verständigt. Der soziale Staat schließlich baut in seiner Verantwortlichkeit für die existenziellen Lebensvoraussetzungen des Jedermann auf eine gemeinsame Sprache, in der der Einzelne seine Bedürfnisse ausdrückt, seine Selbstbestimmung behauptet, eine ihn verstehende Gemeinschaft sucht. Der Gedanke der Solidarität findet in der Sprechgemeinschaft seinen Ursprung und seine erste Bewährungsprobe.

4. Vermittlung zwischen Herkunft und Zukunft

Sprache überbringt eine gewachsene Kultur des Begreifens, Denkens und Wollens in die Gegenwart und führt sie in die Zukunft fort. Dabei sind bestimmte Aussagen der Sprache für die Gegenwart nicht, zumindest nicht aktuell verfügbar. Jeder Mensch, auch das Recht und der Staat stützen sich auf diese vorgefundene Kultur, werden sie weiterentwickeln, können aber nicht abrupt mit ihr brechen. Würde der Staat heute die deutsche Sprache aufgeben, die Idee der Würde jedes Menschen verabschieden oder sich von der Verbindlichkeit schriftlichen Rechts lösen wollen, so gäbe er sich selber auf. Uns ist insbesondere im Nachdenken über die religiösen Ursprünge des modernen Verfassungsstaates bewusst geworden, dass Staat und Recht auch von Unantastbarkeiten, von Axiomen, von Bekenntnissen leben. Wenn das Grundgesetz mit der Unantastbarkeit der Menschenwürde und in dem Bekenntnis des deutschen Volkes zu unverletzlichen und unveräußerlichen Menschenrechten beginnt, verweist es beredt auf den nicht gänzlich begreifbaren und begründbaren Ursprung seiner rationalen, auf Begreifbarkeit und Begründung angelegten Rechtsordnung.

Jacob Grimm hat in seiner Schrift *Von der Poesie im Recht* (1816) dargelegt, dass Gesetz und Epos in Herkommen und Gewohnheit einen gemeinsamen Ursprung habe. Keinem Dichter gehört das Lied; wer es singt, weiß es bloß fertiger und treuer zu singen. Kein Richter darf neues Recht finden, er verwaltet Amt und Dienst der Rechte. Insgemein könne alles Recht, gleich der Sage, noch in seiner „Einfachheit und Poesieähnlichkeit" erkannt werden. In dieser Verantwortlichkeit gegenüber Tradition, Hergebrachtem, Vertrautem klingt ein Ursprung von Sprache und Recht an, der gegenwärtig wirkt, ohne dass wir ihn voll begreifen könnten. Staat und Recht brauchen in allem Bemühen um Rechtfertigung und Begründung ihres Wirkens einen Ausgangspunkt, der unverrückbar und unantastbar steht, den weder die parlamentarische Debatte noch die Mehrheit eines Volkes berühren darf. Hier klingt ein Auftrag, eine Erwartung, ein Traum an, das Recht möge im Bemühen um Sachlichkeit, Verlässlichkeit, Nachvollziehbarkeit nicht die Anschaulichkeit des Gewohnten und Vertrauten verlieren.

Wenn wir fragen, inwieweit Recht aus vorgefundener Sprache entstehe, treffen wir auf den schönen Begriff der „Rechtsquelle". Die Quelle ist der Ort, aus dem das im Berg schon vorhandene Wasser sprudelt, an dem das bisher nicht Greifbare mit Händen aufgenommen und getrunken werden kann. Diese Quelle, die das Lebens-Mittel Wasser spendet, sucht der Mensch zu fassen, in eine Form zu bringen, die kein Wasser verloren gehen lässt, seine Klarheit und Sauberkeit sichert, dem Menschen beim Schöpfen des Wassers den Zugang erleichtert, vor allem aber das Versiegen der Quelle verhindert. Dieses Wasser – das Recht – wird also an der Quelle nicht geschaffen, sondern sichtbar gemacht. Das Recht nimmt eine vorgefundene Wirklichkeit – den Menschen, das Alter, das Haus, die Gefahr, die individuelle Würde – auf, es anerkennt damit Freiheit und mäßigt seinen eigenen Gestaltungsanspruch. Oder das Recht macht sich historisch gewachsene und erprobte Ideen zu eigen – Gesetz, Gericht, Gleichheit, Steuer – und erklärt diesen die Wirklichkeit gestaltenden Gedanken in einer schriftlichen Urkunde für verbindlich. Das Setzen von Recht ist deshalb oft mehr Wissen als Wollen, Rechtsdurchsetzen stützt sich gleichermaßen auf Wissen, Wollen und Wirklichkeit. Der Ursprung dessen, was aus dieser Rechtsquelle fließt, bleibt ein Stück im Verborgenen. Jacob Grimm sagt, dass für jedes Volk der Anfang seiner Gesetze und Lieder in der Ferne bleibe; ohne diese Unnahbarkeit wäre kein Heiligtum, woran der Mensch hangen und haften soll, gegründet; was ein Volk aus der eigenen Mitte schöpfen soll, wird seinesgleichen, was es mit Händen antasten darf, ist entweiht. Siegfried Lenz vergleicht in seiner Erzählung *Ein geretteter Abend* (1996) das Recht mit einem Seeaquarium, das ein Schöpfungsspiegel sei, ein mit Hilfe von Erkundung und Erkenntnis komponiertes Kunstwerk, in dem das Geheimnis der Tiefe ans Licht gebracht, anschaulich erlebbar wird. Das waltende Gesetz, unter dem unser Dasein steht – im Seeaquarium biete es sich uns dar, in dieser geglückten, ja gedichteten Nachahmung, die die Forderung nach Wissen und nach Unterhaltung gleichermaßen erfülle. Dieses Bild vermittelt den Gedanken, dass auch der menschliche Alltag mit dem Geheimnis lebt: Der Mensch solle dem Wunder leise wie einem Vogel die Hand hinhalten (Hilde Domin).

Auch das Grundgesetz ist in dieser Frage von Ursprung und Quelle, von Tabu und Aufdeckung beredt: Die auf Rationalität, Voraussehbarkeit und Kontrolle angelegte Erkenntnisordnung beginnt mit einem Bekenntnis, hat ihr Axiom, ihre nicht mehr begründbare Voraussetzung, ohne die das logische System des Rechts in sich zusammenbräche. Wer die Würde jedes Menschen, allein weil er existiert, nicht anerkennt, wird keinen Zugang zu unserer Rechtsordnung finden. Wert und Würde haben semantisch, und das heißt hier rechtlich, dieselbe Wurzel.

5. Verständlichkeit und Bürgernähe des Staates in seiner Rechtssprache

Der Staat kann seine Verbindlichkeiten nur durch Sprache überbringen, sucht deshalb die sachliche, von jedermann in gleicher Weise verstandene Sprechweise. Er verwendet den Verstandesstil, wählt die nüchterne, knappe Rechtssprache, zahlt dafür allerdings den Preis einer Sprachdistanz gegenüber der Alltagssprache und damit dem Staatsvolk. Rechtsinhalte werden heute durch das juristische Wort, kaum noch mit Hilfe von Gesten, Formalien und Riten überbracht.

Demgegenüber stellt Jacob Grimm die Frage, ob Recht allein durch und in Sprache lebt oder auch in Gesten und Gebärden vermittelt werden muss. Das Reichen der Hand, das Hinwerfen des Handschuhs, die Übergabe des Amtsstabes oder das Überreichen eines Pfeiles waren rechtsbegründende und rechtsverändernde Gebärden. Die Adoption vollzog sich dadurch, dass der fremde Mann sich des Kindes annahm und es auf sein Knie setzte und ihm dadurch Schutz verhieß. Wer eine Frau oder ein Kind unter seinen Mantel nimmt, begründet damit die Ehe oder eine Familie. Hut und Schleier bewahren die Ehre, der Pantoffel drückt die weibliche Oberherrschaft aus, der Ring ist das Zeichen von Vermählung oder Belehnung, der Schlüssel erschließt das Eigentum an Haus und Vermögen, das Vergießen von Wasser und Wein begründet einen feierlichen Bund.

Jacob Grimm berichtet, dass man früher kleine Kinder – Menschen mit noch großer Lebenserwartung – zu wichtigen Rechtsgeschäften mitgenommen und sie dann unerwartet geohrfeigt hat, damit sie sich später der Sache erinnerten. Heute bedienen wir uns stattdessen eines kostspieligen Notars – in beiden Fällen aufwendige Verfahren, um Beweise zu sichern.

Früher suchten Rechtssprichwörter Anschaulichkeit und die Nähe zum Betroffenen, vermieden bewusst die kühle Sachlichkeit der Rechts- und Amtssprache: Die hilfsweise Erbfolge der weiblichen Verwandtschaft beim Fehlen männlicher Erben wird im Bild ausgedrückt: „Wo kein Hahn ist, kräht die Henne." Der Gerichtsstand des Tatortes kommt im Sprichwort zum Ausdruck: „Wo sich der Esel wälzt, da muss er Haare lassen." Die Dauer eines Amtes endet mit der Frist, „in der Meier in einem Sessel ungehalten sitzen mag".

Der Gesetzgeber versteht sich heute auch nicht mehr darauf, durch eingängige Wortverbindungen die Einprägsamkeit und Einsichtigkeit des Rechts zu steigern. Während man früher durch Stabreime (Haus und Hof, Land und Leute, Nacht und Nebel, Haut und Haar, Wind und Wetter, Gut und Geld), durch Endreime (Rat und Tat, Schalten und Walten, vereint und versteint), durch Wiederholungen (Acht und Bann, Kraft und Macht, kund und zu wissen), durch die positive Aussage mit nachfolgender Negation (die Wahrheit sagen und die Lüge lassen) das Recht verständlich machen wollte, umgibt sich die Rechtssprache heute mit einem Hauch kühler Geschäftsmäßigkeit; sie will nicht eine Sprache in aller Munde, kein mundgerechtes Recht sein.

Durch diese nüchterne Rationalität der Rechtssprache will der Staat sichern, dass die verbindliche Regel verlässlich und allgemein verständlich – zumindest für den Juristen – dieselbe Rechtsfolge für jedermann überbringt. Die Nüchternheit soll die Objektivität der Rechtspflege fördern, sie von subjektiven Empfindungen, Neigungen und Vorurteilen des Rechtsinterpreten unabhängig machen. Die Gesetzessprache will jedem Adressaten eine Wirklichkeitsicht vermitteln, die in ihrem Blickwinkel die Wirklichkeit erfasst und vermittelt. Sie stärkt eine klare Kompetenzverteilung zwischen vorsprechendem Gesetzgeber und nachsprechendem Interpreten, insbesondere der Verwaltung und der Rechtsprechung. Schließlich verstetigt sie Rechtsmaßstäbe in ihrer Anwendung, schafft damit ein vertrautes Recht, auf das der Bürger vertraut.

Auch in diesem Bemühen um Nüchternheit und Prägnanz unterscheidet der Staat seine Sprache allerdings je nach betroffenem Lebensbereich. Die Verfassungssprache wirkt eher werbend-programmatisch, die Verwaltungssprache eher nüchtern-anordnend, die Regeln für Wissenschaft und Technik wählen die dort übliche Fachterminologie, die Gefahrenvorsorge und Gefahrenabwehr hält ihre Regeln offen für reale Entwicklungen, Kunstfiguren des Rechts – wie das Steuerrecht – formen eine eigene Begrifflichkeit ihrer Sollensordnung und wären für dogmatische Folgerichtigkeit und Widerspruchslosigkeit besonders zugänglich.

In dieser rationalen Fachsprache verliert der Staat und sein Recht an Wärme, Bürgernähe, Mitmenschlichkeit. Zudem braucht eine Sprache, die nicht im Leben der Menschen wurzelt, mehr Regelungen, weil sie den Menschen fremd ist, einen aus dem Erleben erwachsenen Verstehenshorizont also durch zusätzliche Verbindlichkeiten ersetzen muss. Treten dann noch rechtspolitische Veränderungs- und Bevorzugungsinteressen hinzu, wird der Gesetzgeber in eine Rechtssprache gedrängt, die in ihrer Abstraktheit und Rationalität nicht mehr Durchsichtigkeit, Verstehbarkeit und Kontrolle erschließt, sondern verschleiert, verbirgt und verfremdet. Das Gesicht eines Staates ist seine Sprache. Ein nicht menschliches Gesicht lässt auf Unmenschlichkeit schließen.

6. Das Recht als ein Sprechvorgang

Das Gespräch unter Menschen wird nicht nur von den Worten getragen, sondern auch durch Gesten und Gebärden unterstützt. Wer einem Gast mit ausgebreiteten Armen entgegentritt, drückt damit mehr Willkommen aus, als seine Worte es zu sagen vermögen. Wer ihm mit abwehrenden Händen begegnet, wird ihn mit keinem guten Wort mehr willkommen heißen. Der Staat verzichtet in der Schriftlichkeit seines Rechts auf diese Sprechsituation, in der sein Sprecher durch Gebärden, Gesten und Tonfall seine Aussage stützen und erläutern kann.

Ein Gesprächspartner wird das, was er sagen will, in der jeweiligen Sprechsituation bekräftigen, erläutern und anschaulich machen. Seine Tonlage drückt Einsicht oder Befremden aus, bekundet Zufriedenheit oder Empörung, stellt Distanz oder Nähe her, vermittelt Gelassenheit oder Aufgeregtheit. Seine Stimme stimmt zu oder gegen, stimmt ein oder um. Er kann lächeln oder die Stirn runzeln, flüstern oder lärmen, stocken oder eilen, tuscheln oder anprangern, vertrauen oder höhnen. All das kann ein Gesetzestext nicht. Er wird bewusst von seinem Sprecher gelöst, als geschriebener Text veröffentlicht. Das Gesetz verzichtet auf das sprachliche Bild, verliert dabei aber auch das Vorbild.

Dennoch zieht sich der Staat als Sprecher dieses Rechtssatzes nicht zurück, sondern steht seinem Adressaten zum Gespräch zur Verfügung. Er bietet dem Rechtsadressaten in der Rechtsprechung einen eigenen Gesprächspartner, der mit ihm über die ihn betreffenden Vorschriften spricht, ihre Wirkungen im individuellen Fall benennt, ihre Folgen rechtfertigt. Der Verfassungsstaat mäßigt die Textbindung seines Rechts, indem er das Setzen und Durchsetzen von Recht als Vorgang des Sprechens gestaltet, das nachdenkende, aber interpretierende Gespräch über den Gesetzestext veranlasst.

Lassen wir die Worte des Rechts einmal klingen: Im *Parlament* gibt der Abgeordnete nach parlamentarischer Be*rat*ung seine *Stimme* ab, der Bundes*rat stimmt* zu oder erhebt Ein*spruch*, das Gesetz wird *verkündet* und erwartet, dass der Bürger ge*horcht*. Er wehrt sich durch Ein*spruch* oder Wider*spruch*, erhebt *Klage*, sucht ein Urteil durch Be*ruf*ung zu verbessern. Die Recht*sprechung* entscheidet über An*spruch* und Frei*spruch*, gewährt in *mündlicher* Verhandlung rechtliches *Gehör*, hört auf den Wort*laut* des Gesetzes, erwägt auch eine ent*sprechende* Anwendung, *spricht* im „*Namen*" des Volkes. „Rede" bedeutet ursprünglich „Rechenschaft" und gerichtlicher Parteivortrag; Redner ist anfangs der Wortführer vor Gericht. Recht und Rede, *nomos* und Name, *lex* und Wort haben einen gemeinsamen Ursprung.

7. Die Interpretationsbedürftigkeit von Rechtstexten

Recht lebt in Vorschriften, die den zukünftigen, heute noch unbekannten Fall regeln sollen. Wenn eine solche Vorschrift auf die Zukunft vorgreift, ist sie allerdings mit ihrer Verkündung schon veraltet. Als das Grundgesetz 1949 die Freiheit des „Rundfunks" garantierte und damit den Hörfunk meinte, war der Fernsehfunk schon erfunden. Die Garantie der Pressefreiheit war ursprünglich auf den technischen Druckvorgang des Pressens eines Schriftstückes angelegt, wird jetzt aber nach Änderung der Drucktechnik als allgemeine Medienfreiheit gedeutet. Der Begriff „Eisenbahn" erfasste bisher den an zwei Schienen gebundenen Verkehr, umschließt heute mit Erfindung der Magnetbahn auch den schienenorientierten Verkehr. Der Gesetzgeber kann die zukünftigen Fälle nicht voraussehen, nur in einem hohen Abstraktionsgrad den noch unbekannten Fall in seine Aussagen mit einbeziehen. Dadurch verschärft sich die Verantwortungsfrage Heinrich Bölls, der für das Dichterwort sagt: „Kaum ausgesprochen und hingeschrieben, wandeln sich (die Worte) und laden dem, der sie aussprach oder schrieb, eine Verantwortung auf, deren volle Last er nur selten tragen kann."

Der zur verbindlichen Auslegung ermächtigte Interpret gewinnt dadurch Herrschaft über den Gesetzestext. Eine Fehlinterpretation eines Dichtertextes verfehlt ihren Gegenstand, eine Fehlinterpretation eines Gesetzestextes kann ihren Gegenstand verändern. Teilweise verselbständigt sich die Gesetzesaussage gegenüber dem Willen des historischen Gesetzgebers; das Gesetz ist klüger als sein Urheber. Der polizeiliche Schutz der öffentlichen Sicherheit und Ordnung unterband 1930, dass Frauen auf öffentlichen Straßen rauchen, gestattete aber das Entsorgen von Hausmüll auf öffentlichen Straßen. Heute ist es bei gleichem Gesetzestext gerade umgekehrt. Der Interpret versteht einen Rechtssatz stets in der Sichtweise seiner Lebenssituation; der eine bezeichnet die Venus als Morgenstern, der andere als Abendstern.

Das Ideal Montesquieus, die Worte des Gesetzes könnten so klar sein, dass ein Streit um die Auslegung ausgeschlossen sei, bleibt Utopie, überfordert Gesetzgeber und Gesetzessprache. Einen nicht auslegungsbedürftigen und auslegungsfähigen Rechtssatz gibt es nicht. Ich mache dieses meinen Studenten deutlich, indem ich sie bitte, den Inhalt des Art. 22 GG aufs Papier zu zeichnen. Art. 22 GG hat den undramatischen Wortlaut: „Die Bundesflagge ist schwarz-rot-gold." Wenn wir dieses sprachliche Zeichen für Recht in ein Staatssymbol umsetzen wollen, versuchen wir uns zu erinnern, ob das Schwarz nach oben oder nach unten gehört, ob die Flagge längs- oder quergestreift ist. Forensische Begabungen malen eine schwarze Flagge mit rot-goldener Umrandung oder eine rote Flagge mit schwarz-goldener Kordel. Ästheten drängen auf einen schwungvollen schwarz-rot-goldenen Pinselstrich. Die Nachdenklichen allerdings versuchen, die historischen Ursprünge dieser Flagge durch die in der Gegenwart verfügbaren Farben aufzunehmen: die Lützow'schen Reiter, das Hambacher Fest, die Paulskirche von 1848. Diese Textinterpretation will sich erinnern, das Herkömmliche aber auch verbessern, dem Text treu bleiben, diesen aber auch erneuern, den rechtlichen Willen auf gegenwärtiges Wollen abstimmen. Die Verfassung ist das Gedächtnis der Demokratie, das die gegenwärtigen Anfragen an das Recht in der Sicherheit erprobter Werte und bewährter Institutionen beantworten will.

Bei einer Podiumsdiskussion über die Auslegung einer Gesetzesbestimmung warfen sich die Diskutanten nach langwierigen Auseinandersetzungen gegenseitig vor, den Text eines Gesetzes nicht lesen zu können. Als die Zuhörer, betreten diesem Ergebnis nachsinnend, im Fahrstuhl des Kongresshauses standen, fiel ihr Blick auf das dort angebrachte Schild: „12 Personen". Sie stellten sich die Frage, ob dieses Schild die technische Obergrenze der Beförderungskapazität um der Tragsicherheit willen bezeichne, also höchstens 12 Personen meine; oder die Untergrenze der Personenzahl, bei der der Hotelier die Beförderung noch als rentabel ansehe, also mindestens 12 Personen bedeute. Der Fahrstuhl hat uns mit diesen Erwägungen in die Höhen juristischer Methodenlehre gebracht und den Blick auf den Zusammenhang von Rechtssprache und der sie umgebenden und von ihr aufgenommenen Rechtswirklichkeit freigegeben.

8. Die Macht des Wortes

Worte sind mächtig. Sie können Menschen ermutigen und enttäuschen, aufbauen und zerstören. Heinrich Böll, Jean Paul Sartre oder Milan Kundera haben uns vor Augen geführt, dass der ständige Vorwurf einer Untat den Unschuldigen in den Tod treiben, die öffentliche Verfremdung einer Person ihr ihre Identität nehmen, öffentliche Häme und Niedertracht menschliche Gemeinschaft trennen und zersetzen kann. Das Sprechen über oder gegen einen anderen beansprucht deswegen wiederum nicht nur die Freiheit der Meinungsäußerung und der Medien, sondern ein Freiheitsrecht, übt also eine Freiheit aus, die auf den anderen, Gleichberechtigten abgestimmt werden muss. Die Sprachgewalt des Staates ist stets grundrechtlich auf die Würde und Freiheit der angesprochenen Menschen ausgerichtet. Der Staat spricht nicht freiheitsberechtigt, sondern freiheitsverpflichtet.

Dabei unterliegen der Staat und die für ihn Handelnden der Macht des Wortes. Das Wort ist stärker als sein Sprecher. Als die amerikanische Unabhängigkeitserklärung 1776 davon sprach, dass alle Menschen von ihrem Schöpfer mit gewissen unveräußerlichen Rechten (Leben, Freiheit und das Streben nach Glück) ausgestattet seien, waren viele Verkünder dieser Erklärung Sklavenhalter und sind es auch danach geblieben. Dennoch hat sich das Wort auf Dauer durchgesetzt. Als die bürgerliche Revolution Frankreichs 1789 ihre „Erklärung der Rechte des Menschen und des Bürgers" veröffentlichte, sollten diese Rechte anfangs für bestimmte Minderheiten nicht gelten, nämlich – so die historischen Quellen – nicht für Gaukler, Henker und Protestanten. Diese Vorbehalte waren bald ausgeräumt. Länger blieben von diesen Rechten ausgenommen die Frauen, die Juden und Menschen in den französischen Kolonien. Doch auch hier hat die Macht des Wortes seine Urheber überwunden, die große Aussage kleinliches Denken verdrängt. Und wenn heute Art. 6 Abs. 4 unseres Grundgesetzes verheißt, jede Mutter habe Anspruch auf den Schutz und die Fürsorge der Gemeinschaft, wir aber nicht annähernd die Gleichberechtigung der Mütter gegenüber sonstigen Frauen und gegenüber Männern erreicht haben, geschweige denn deren Schutz und Fürsorge, wird auch hier der Rechtssatz den Sieg über die Rechtsetzer und ihre Anfangsinterpreten davontragen.

Der Staat findet eine wesentliche Entscheidungsgrundlage in der Kultur, die Sprache und Recht gleichermaßen hervorbringt. Sie ist historisch gewachsen, auf stetige Entwicklung angelegt, eine Brücke zwischen Altem und Neuem, zwischen Mensch und Mensch. Würden wir in einem übersteigerten Reformwillen alles Bisherige vergessen, verlören wir Sprache und Recht zugleich. Würden wir uns gegen jede Reform wehren, würde unsere Sprache an Altersgebrechlichkeit sterben, das Recht die Anfragen der Gegenwart nicht mehr beantworten können. Recht und Sprache leben je für sich und insbesondere in ihrem inneren Zusammenhalt von der Bereitschaft zum Neuen, zum Besseren, zum Wagnis. Recht und Sprache bauen auf Nachhaltigkeit und fordern Mut.

VII. Die Auflösung des Staus

Als ich jüngst zusammen mit meinem Enkel auf der Autobahn in einen Stau geriet, fragte er mich, warum wir stehen blieben, obwohl wir doch schnell zu Hause ankommen wollten. Ich erklärte ihm, dass es einen Unfall gegeben habe, weil ein Fahrer zu schnell gefahren und deshalb ins Schleudern geraten sei. Doch bald wurde unsere Aufmerksamkeit durch das Martinshorn von Krankenwagen und Polizei beansprucht, das uns aufforderte, eine Gasse zu bilden, damit die Einsatzfahrzeuge den Unfallort möglichst schnell erreichen können. Der Fahrer vor uns war im Bemühen voranzukommen so eng auf seinen Vordermann aufgefahren, dass ihm der Bewegungsraum zur Freigabe der Notgasse fehlte, er also das Bergen des Opfers und die Auflösung des Staus behinderte. Auch hier stellte der Enkel seine Frage nach dem Warum.

Ich habe mir vorgenommen, täglich mit einem Kind zu sprechen. In ihm gewinnt unsere Zukunft ihr Gesicht. Kinder stellen uns die Grundsatzfragen, weisen uns mit ihrer unbefangenen Neugierde auf die Kernanliegen der Zukunft, benennen in ihrer zukunftsoffenen Lebenserfahrung die elementaren Handlungsaufträge.

Zur Auflösung des Staus bei der Erneuerung von Staat und Recht gilt es zunächst, die Staunachrichten zu hören, also die Flutkatastrophe der Normenvielfalt und ihrer Widersprüchlichkeit zu erkennen, die Entmündigung des Menschen in der Umarmung eines das Beste wollenden Sozialstaates zurückzuweisen, die Macht des Geldes in den Regeln der Verfassung zu binden, Aufgaben und Verantwortlichkeiten des Staates aus ihren Verflechtungen und Verschränkungen zu befreien. Wenn die Wissenschaft sodann einen Navigator anbietet, der vor einem Stau warnt und Alternativen der Freiheit vorschlägt, sollte dieser wissenschaftliche Fortschritt genutzt werden: Wissenschaftliche Analysen zur Entwicklung unserer Bevölkerung, zum Versiegen und Erschließen von Energiequellen, zur Neukonzeption des Sozialrechts und zur vereinfachenden Erneuerung des Steuerrechts müssen genutzt werden, um einen Stau aufzulösen und weiteren Staus auszuweichen.

Vor allem aber müssen wir die Gesetzmäßigkeiten des Staus erkennen. Wer in freiheitlichem Vorwärtsstreben jede Freiheit als Wettbewerb definiert, den Verkehrsteilnehmern also nicht eine Kultur des Maßes vorgibt, wird den Unfall wegen überhöhter Geschwindigkeit und damit den Stau provozieren. Wer nicht die freie Bewegung für alle organisiert, sondern die großen Fahrzeuge bevorzugt, vielleicht sogar den Schwertransporten beide Fahrbahnen vorbehält, wird die anderen, gleichberechtigten Verkehrsteilnehmer wesentlich in ihrer Freiheit behindern. Unklare und widersprüchliche Signale des Rechts schaffen Verwirrung, in sich wenig überzeugungskräftige Anordnungen werden missachtet. Die verlässliche Grundlage für einen sicheren und leichten Verkehr ist die gefestigte Übung, die Vertrautheit mit einem einfachen und überzeugenden Recht.

Wer in einen Stau geraten ist, wird die Freiheit der Bewegung am schnellsten durch einen Befreiungsakt des Staates – seines Krankenwagens und seiner Polizei – zurückgewinnen. Erneuerungsorgane sind die Regierung und der Gesetzgeber, die Strukturen und Rechtsgrundlagen unseres Gemeinschaftslebens ständig überprüfen, Verbesserungsvorschläge unterbreiten und den Weg zum Neuen ebnen sollen. Ihr Martinshorn ist die Gesetzesinitiative, die jedoch nur hörbar ist, wenn sich die Gesetzesvorschläge deutlich von dem allgemeinen Klang täglicher Politik abheben. Die Gasse allerdings müssen die im Stau stehenden freien Bürger eröffnen. Sehen diese nur den für sie noch freien

Meter vor ihnen und nicht die Notwendigkeit einer Befreiungsgasse für den Staat, oder träumen sie im Stau nur von der Fahrt auf einer ausländischen Autobahn, so werden sie noch lange im Stau stehen, später auch frieren und hungern.

Der Staat soll als Stauhelfer, nicht als Stauberater tätig werden, also nicht dem Bürger empfehlen, sich mit der Unfreiheit zu arrangieren, sondern ihm den Weg zur Freiheit eröffnen. Auch dann wird er den Stau aber nur langsam auflösen können. Im Martinshorn braucht er ein schrilles Signal, beim Organisieren der freien Fahrt den schonenden Übergang. Deswegen müssen die Gesetzesinitiativen die grundlegende Erneuerung verlässlich ankündigen; das neue Gesetz muss dann aber für den Übergang Kontinuität gewähren, Vertrauen schützen, den Gesetzesadressaten behutsam dem Bisherigen entwöhnen und ihn langsam in Unvertrautes hineinführen. Soweit allerdings bisheriges Recht offensichtlich rechtswidrig ist – es dem Schwertransport eine Autobahn eine ganze Woche vorbehält –, gibt nur der abrupte Bruch mit dem bisherigen Unrecht, die sofortige Beseitigung des Privilegs dem Bürger das Vertrauen in seinen Rechtsstaat zurück.

Ist der Bürger wieder in die Freiheit entlassen, wird der Staat die Rahmenrechtsordnung so regeln, dass der Bürger Freiheitsrechte, nicht Beliebigkeit beansprucht, er seine Freiheit also mit Rücksicht auf die anderen betroffenen Menschen ausübt. Er wird die Autobahn nicht für den Wettbewerb der Schnellfahrer öffnen, sondern für sie und die Allgemeinheit die Sicherheit und Leichtigkeit der Bewegung organisieren. Er wird auch Vorsorge treffen, dass sich nicht alle Beteiligten als Überholer definieren und nur die linke Spur nutzen, sondern dass die Nutzung beider Spuren mehr Freiheit für alle verspricht. Freiheit ist ein Wagnis in Grenzen des Rechts. Und der Blick in den Rückspiegel schwächt nicht Voraussicht und Vorsicht, sondern informiert über die Bedingungen der Freiheit.

Dieses Wagnis des Neuen erwarten wir auch vom Staat. Vor 200 Jahren wurde der Staat vor allem als Organisation mit Hoheitsgewalt und Zwangsmacht verstanden. Heute wissen wir, dass die Entfaltung von Freiheit, Kultur und wirtschaftlicher Prosperität sich nicht erzwingen lässt. Deshalb beansprucht der Staat zwar weiterhin das Monopol, Hoheitsgewalt letztlich allein ausüben zu dürfen, öffnet sich aber in den Erneuerungsinstrumenten von Freiheit und Demokratie stets einer Entwicklung, die den Status, das Statische des Staates verändert, die staatliche Gemeinschaft des Rechts immer wieder in neue Antworten auf veränderte Anfragen der Wirklichkeit führt. Der Staat wird seine Sprecherfunktion in der Völkerrechtsgemeinschaft erkennen und wahrnehmen, er wird für ein bestimmtes Volk und Gebiet dank seiner Hoheitsgewalt verbindlich sprechen und handeln. Er wird von seinen Bürgern in seiner Gewalt über Staatsgebiet und Staatsvolk erlebt, entwickelt eine rechtlich geordnete Handlungs- und Rechtseinheit, eine innere Mitte für Politik und Bürgerstatus. Im übrigen ist der freiheitliche, demokratische Rechtsstaat Ausdruck stetig neuen Beobachtens, Denkens, Fühlens und Antwortens.

Im vergangenen Jahrhundert haben die Deutschen in ihrem Staatsgebiet neun verschiedene politische Verfassungen erlebt. Allein das Verfassungsgesetz kann die Entwicklung von Freiheit und Demokratie nicht in Stetigkeit und Nachhaltigkeit steuern. Eine Verfassung bewahrt nur ihre Gestaltungsmacht, wenn der Verfassungsbaum seine Kraft immer wieder aus dem Humus einer historisch gewachsenen, aktuell erprobten und in der Zukunftserwartung überzeugenden Werteordnung ziehen kann. Staat und Staatsvolk sind Erbe von Recht und Kultur. Sie nutzen Erneuerungskraft und Entwicklungsoffenheit auf der verlässlichen Grundlage von Freiheit und Demokratie, handeln im Bewusstsein ihrer kulturellen Herkunft. Der Verfassungsbaum ist in seinen Wurzeln und in seinem Stamm unantastbar und unverrückbar, in seinen Ästen beweglich, in seinen Blättern auf ständige substanzielle Erneuerung angelegt. Der Verfassungsstaat ist uns deshalb mehr aufgegeben als vorgegeben. Er fordert Freiheitskraft und demokratische Anstrengung. Er ist in seinem demokratischen Wirkungsgrund nichts anderes als der rechtlich geformte Wille des gegenwärtigen Staatsvolkes.

Literatur

I. Individuelle Freiheit und Gemeinschaft

Böckenförde, Ernst-Wolfgang, Der Staat als sittlicher Staat, 1978.

Isensee, Josef, Grundrechtsvoraussetzungen und Verfassungserwartungen an die Grundrechtsausübung, in: ders. / Paul Kirchhof (Hrsg.), Handbuch des Staatsrechts der Bundesrepublik Deutschland, Band V, 1992, S. 115.

Kielmansegg, Peter Graf, Volkssouveränität, 1977.

Kielmansegg, Peter Graf, Nach der Katastrophe – Eine Geschichte des geteilten Deutschland, 2000.

Kirchhof, Paul, Grundrechtsinhalte und Grundrechtsvoraussetzungen, in: Detlef Merten / Hans-Jürgen Papier (Hrsg.), Handbuch der Grundrechte, Band I, 2003, § 21.

Kirchhof, Paul, Der demokratische Rechtsstaat, die Staatsform der Zugehörigen, in: Josef Isensee / ders. (Hrsg.), Handbuch des Staatsrechts der Bundesrepublik Deutschland, Band IX, 1997, § 221.

Kirchhof, Paul, Das Grundgesetz als Gedächtnis der Demokratie – Die Kontinuität des Grundgesetzes im Prozess der Wiedervereinigung und der europäischen Integration, in: Martin Heckel (Hrsg.), Die innere Einheit Deutschland inmitten der europäischen Einigung, 1996, S. 35.

Schulze-Fielitz, Helmuth, Der informale Verfassungsstaat, 1984.

Starck, Christian, Die Verfassungen der neuen Länder, in: Josef Isensee / Paul Kirchhof (Hrsg.), Handbuch des Staatsrechts der Bundesrepublik Deutschland, Band IX, 1997, § 208.

Winkler, Heinrich August, Der lange Weg nach Westen, 2002.

II. Weltanschauliche Neutralität und die Freiheit der Bekenntnisse

Bethge, Herbert, Gewissensfreiheit, in: Josef Isensee / Paul Kirchhof (Hrsg.), Handbuch des Staatsrechts der Bundesrepublik Deutschland, Band VI, 1989, § 137.

Biser, Eugen, Einweisung ins Christentum, 1997.

Campenhausen, Axel Freiherr von, Religionsfreiheit, in: Josef Isensee / Paul Kirchhof (Hrsg.), Handbuch des Staatsrechts der Bundesrepublik Deutschland, Band VI, 1989, § 136.

Guardini, Romano, Das Ende der Neuzeit, 1947.

Hollerbach, Alexander, Grundlagen des Staatskirchenrechts, in: Josef Isensee / Paul Kirchhof (Hrsg.), Handbuch des Staatsrechts der Bundesrepublik Deutschland, Band VI, 1989, § 138.

Höffe, Otfried, Universalistische Ethik und Urteilskraft. Ein aristotelischer Blick auf Kant, in: Ludger Honnefelder (Hrsg.), Sittliche Lebensform und praktische Vernunft, 1992, S. 59.

Hübner, Kurt, Das Christentum im Wettstreit der Religionen, 2003.

Kasper, Walter, Die theologische Begründung der Menschenrechte, in: Dieter Schwab u. a. (Hrsg.), Festschrift für Paul Mikat, 1989, S. 99.

Lehmann, Karl, Recht braucht Freiheit und schützt sie, in: Rudolf Mellinghoff / Gerd Morgenthaler / Thomas Puhl (Hrsg.), Die Erneuerung des Verfassungsstaates, 2003, S. 91.

Marquard, Odo, Apologie des Zufälligen, 1986.

Smend, Rudolf, Staat und Kirche nach dem Bonner Grundgesetz, 1995.

Starck, Christian, Staat und Religion, Juristenzeitung, 2000, S. 55.

Walter, Christian, Staatskirchenrecht oder Religionsverfassung, in: Rainer Grote / Thilo Marauhn (Hrsg.), Religionsfreiheit zwischen individueller Selbstbestimmung, Minderheitenschutz und Staatskirchenrecht – Völker- und verfassungsrechtliche Perspektiven, 2001, S. 215 ff.

Welte, Bernhard, Die Würde des Menschen und die Religion, 1977.

Winter, Jörg, Das Verhältnis von Staat und Kirche als Ausdruck der kulturellen Identität der Mitgliedstaaten der Europäischen Union, in: Joachim Bohnert u. a. (Hrsg.), Festschrift für Alexander Hollerbach, 2001, S. 892 ff.

III. Der Sozialstaat und das Geld

Duwendag, Dieter, Der Staatssektor in der sozialen Marktwirtschaft, 1976.

Eschenbach, Jürgen, Der verfassungsrechtliche Schutz des Eigentums, 1996.

Fechner, Frank, Geistiges Eigentum und Verfassung. Schöpferische Leistungen unter dem Schutz des Grundgesetzes, 1999.

Hammann, Winfried D., Eigentum in der Zeit, 1985.

Hecker, Damian, Eigentum als Sachherrschaft. Zur Genese und Kritik eines besonderen Herrschaftsanspruchs, 1999.

Herzog, Roman, Grundrechte aus der Hand des Gesetzgebers, in: Walter Fürst / ders. / Dieter C. Umbach (Hrsg.), Festschrift für Wolfgang Zeidler, Band 2, 1987, S. 1415 ff.

Hösch, Ulrich, Eigentum und Freiheit, 2000.

Jänich, Volker, Geistiges Eigentum – eine Komplementärerscheinung zum Sacheigentum?, 2002.

Kirchhof, Paul, Der sanfte Verlust der Freiheit, 2004.

Kirchhof, Paul, Staatliche Einnahmen, in: Josef Isensee / ders. (Hrsg.), Handbuch des Staatsrechts der Bundesrepublik Deutschland, Band IV, 1990, § 88.

Lerche, Peter, Grundrechtlicher Schutzbereich, Grundrechtsprägung und Grundrechtseingriff, in: Josef Isensee / Paul Kirchhof (Hrsg.), Handbuch des Staatsrechts der Bundesrepublik Deutschland, Band V, 1992, § 121.

Nierhaus, Michael, Grundrechte aus der Hand des Gesetzgebers?, Archiv des öffentlichen Rechts 116, 1991, S. 72.

Rupp, Hans H., Grundgesetz und „Wirtschaftsverfassung", 1974.

Schwab, Dieter, Eigentum, in: Otto Brunner / Werner Conze / Reinhart Koselleck (Hrsg.), Geschichtliche Grundbegriffe, Band 8, 1979, S. 94 ff.

Timm, Charlotte, Eigentumsgarantie und Zeitablauf, 1977.

Wendt, Rudolf, Eigentum und Gesetzgebung, 1985.

Willoweit, Dietmar, Geschichtliche Wandlungen der Eigentumsordnung und ihre Bedeutung für die Menschenrechtsdiskussion, in: Johannes Schwartländer / ders. (Hrsg.), Das Recht des Menschen auf Eigentum, 1983, S. 7.

IV. Nationale Rechtskultur in Europa

Badura, Peter, Staat und Verfassung in Europa, in: Festschrift für Yueh-Sheng Wenig, 2002, S. 1043 ff.

Böckenförde, Ernst-Wolfgang, Der Staat als sittlicher Staat, 1978.

Böckenförde, Ernst-Wolfgang, Welchen Weg geht Europa?, 1997.

von Eichendorff, Joseph, Preußen und die Konstitutionen (1832), in: ders., Werke, Band V: Politische und historische Schriften, Streitschriften, hrsg. von Jost Perfahl, 1988, S. 129.

Ipsen, Hans Peter, Europäisches Gemeinschaftsrecht, 1972.

Isensee, Josef, Europa – die politische Erfindung eines Erdteils, in: ders. / Paul Kirchhof / Hermann Schäfer / Hans Tietmeyer, Europa als politische Idee und als rechtliche Form, 1994, S. 103.

Isensee, Josef, Europäische Union – Mitgliedstaaten im Spannungsfeld von Integration und nationaler Selbstbehauptung, Effizienz und Idee, in: Konferenz der Deutschen Akademien der Wissenschaften und der Akademie der Wissenschaften und Literatur in Mainz (Hrsg.), Europa – Idee, Geschichte, Realität, 1996.

Kaufmann, Marcel, Europäische Integration und Demokratieprinzip, 1997.

Kielmansegg, Peter Graf, Nach der Katastrophe – Eine Geschichte des geteilten Deutschland, 2000.

Kirchhof, Paul, Der deutsche Staat im Prozess der europäischen Integration, in: Josef Isensee / ders. (Hrsg.), Handbuch des Staatsrechts der Bundesrepublik Deutschland, Band VII, 1993, § 183.

Kirchhof, Paul, Die Identität der Verfassung in ihren unabänderlichen Inhalten, in: Joseph Isensee / ders. (Hrsg.), Handbuch des Staatsrechts der Bundesrepublik Deutschland, Band II, 2004, § 21.

Oppermann, Thomas, Europarecht, [3]2005.

Oppermann, Thomas, Der europäische Traum zur Jahrhundertwende, 2001.

Pernice, Ingolf, Europäische Grundrechts-Charta und Konventsverfahren, 2001.

Rengeling, Hans Werner, Eine Europäische Charta der Grundrechte, in: Jörn Ipsen / Eduard Schmidt-Jortzig (Hrsg.), Festschrift für Dietrich Rauschning, 2001, S. 225 ff.

Ress, Georg, Menschenrechte, Europäisches Gemeinschaftsrecht und nationales Verfassungsrecht, in: Herbert Haller u. a. (Hrsg.), Festschrift für Günther Winkler, 1997, S. 897.

Schambeck, Herbert, Über die Idee einer EU-Verfassung, in: Carl Baudenbacher u. a. (Hrsg.), Festschrift für Walter Barfuss, 2002, S. 227 ff.

Winkler, Heinrich August, Der lange Weg nach Westen, 2002.

V. Die Sprache des Staates

Bergsdorf, Wolfgang, Herrschaft und Sprache, 1983.

Grimm, Jacob, Von der Poesie im Recht, 1816.

Haß-Zumkehr, Ulrike (Hrsg.), Sprache und Recht, 2002.

Hattenhauer, Hans, Zur Geschichte der deutschen Rechts- und Gesetzessprache, 1987.

Hilf, Meinhard, Die Auslegung mehrsprachiger Verträge, 1973.

Isensee, Josef, Staat im Wort, 1995.

Jayme, Erik (Hrsg.), Langue et droit, 2000.

Kirchhof, Paul, Rechtsänderung durch geplanten Sprachgebrauch?, in: Gedächtnisschrift für Friedrich Klein, 1977, S. 227 ff.

ders., Die Bestimmtheit und Offenheit der Rechtssprache, 1987.

ders., Deutsche Sprache, in: Isensee, Josef / ders. (Hrsg.), Handbuch des Staatsrechts der Bundesrepublik Deutschland, Band II, [3]1984, § 20.

Müller, Friedrich, Recht – Sprache – Gewalt, 1975.

Thürer, Daniel, Zur Bedeutung des sprachenrechtlichen Territorialprinzips für die Sprachenlage im Kanton Graubünden, in: Schweizerisches Zentralblatt für Staats- und Gemeindeverwaltung 85, 1984, S. 241 ff.

Wolf, Erik, Verpflichtende Sprache im Rechtsdenken, in: ders., Studien zur Geschichte des Rechtsdenkens, 1982, S. 215.

Klartext

Friedrich Merz

Nur wer sich ändert, wird bestehen

Vom Ende der Wohl-
standsillusion –
Kursbestimmung
für unsere Zukunft

HERDER spektrum
Band 5671
224 Seiten, Paperback
ISBN 3-451-05671-2

Der aktuelle Sachbuchbestseller vom „Reformer des
Jahres". Jetzt im Taschenbuch. Gegen die Politik der ange-
zogenen Handbremse: „Wir müssen versuchen, den Wohlstand zu erhalten und gleichzeitig sozialen Ausgleich zu
schaffen. Der Umbau des Sozialstaats ist dringend nötig.
Nur so vermeiden wir schwere soziale Verwerfungen, vor
allem zu Lasten der Mittelschichten unserer Gesellschaft."

HERDER